ニュートンのりんごの木

科学の記念樹

大野　誠　著

南窓社

はじめに

明らかに外来種である「ニュートンのりんごの木」が、日本各地の小・中学校、高校、大学、農業試験場、植物園、公園、果樹園などに植えられている。筆者の大まかな推定でも、少なくとも500本以上になり、その数は現在でも増加の一途をたどっている。たとえば、2011年2月25日の朝日新聞の報道によれば、愛知県岡崎市では市内の中学校19校全部にこのりんごの木の苗木が配布され、校内に植樹された。この現象は本書の後半で明らかにするように、日本のみならず、世界各地でも見られている。このように普及したのは、りんごがおいしいからではない。このりんごは原産地イギリスでは、生食用ではなく、もっぱらアップルパイなどに調理され食べられている。岡崎市の教育委員会はこのりんごの木を配布した理由について、「夢と希望を持って科学を勉強してもらい、ノーベル賞科学者が登場してくれれば」と述べている[1)]。つまり、子どもたちを対象として「科学の心を育てる」ことを願ってこの木が植えられたのであった。ニュートンが身近にあったりんごの木から重力の法則を発見したように、子どもたちが校内にあるニュートンのりんごの木を見て、重力の法則を連想し、それをきっかけとしていつも目にしている現象のなかから新しい自然法則を発見してくれたら……ということだろう。本書の目的は、ニュートンのりんごの木がこのように科学の記念樹になった背景や経緯を明らかにすることにある。

本書は次のような順序で話を進める。

第1部では、この木が科学の記念樹になる際の基礎となる「ニュートンのりんごの話」についての真偽を検討する。この話とは、ニュートンはりんごが落ちるのを見て、重力を着想したというものである。そもそもこの話がなければ、科学の記念樹としての「ニュートンのりんごの木」は成立しないが、一方でこの話自体は根拠のない「逸話」だともされる[2)]。しかし、記念樹の成立に直接かかわることであるので、真相を明らかにしておく必要があるだろう。

第２部では、ニュートンのりんごの木そのものに焦点を合わせる。この木が科学の記念樹としてどのように、日本をはじめ、世界各地に広がったかである。この木の日本への導入の経緯については先行研究によってすでに明らかにされているが、残念なことにこの木が日本へ渡ってくるまでの様子が全く不明である。そこで、本書ではニュートンのりんごの木を送りだしたイギリスでの状況を、現地での史料調査に基づいて明らかにする。この現地調査への事前準備として先行研究であるキーシングの成果を検討した上で、現地での調査項目を示す。調査結果の報告として、史料を所蔵する４つの機関ごとに史料の所蔵状況などを概観し、本件にかかわる主要な史料を見ていく。調査項目に対する結果を明らかにした後、最後にこの木がいつごろから科学の記念樹になったかについて考察したい。

凡　例

・〔　〕は、筆者が加えたものである。

・巻末の「文献表」で、本書で用いた史料と参照文献の書誌情報を示す。

・注での文献表記については文献表との重複を少なくするために以下のように略記した。

　(A)史料：　史料・刊行物の番号（または所蔵機関の略号），頁数

　(B)文献：　参照文献の番号，頁数

　＜例１＞　ニュートン『光学』，p. 34 の場合

　　→　史料・1，p. 34

　＜例２＞　大野誠「ニュートン錬金術研究の現状」，『化学と教育』……，p. 57 の場合　→　文献・6，p. 57

・本文で取り上げる人物、組織、概念などの固有名詞やキーワードの英語表記は、索引に示す。

目　次

第１部

記念樹の成立基盤

図１　ウールスソープのりんごの木

現在、ナショナル・トラストが管理しているニュートンの生家に植えられているニュートンのりんごの木。この木の若枝が接木されて世界に広がった。木の後ろに見える家が、現在博物館となっているニュートンの生家。

第１章 「ニュートンのりんごの話」──その真相は？

１ 「りんごの話」への懐疑

「ニュートンのりんごの木」が科学の記念樹となりうるのは、以下のような話にもとづいている。改めて詳しく示しておくと、次の通りである。

> ニュートンはペストの流行によってケインブリッジ大学が閉鎖された頃（＝1665-66年）に、故郷のウールスソープに戻っており、自宅の庭に植えられていたりんごの木から実が落ちるのを見て、重力という考え方を着想した[3)]。

つまり、ニュートンはケインブリッジ大学の学生時代に故郷のウールスソープの自宅で、りんごが落下する現象から地球にはあらゆる物質を引き付ける重力という力が存在すると考えるようになったというわけである。しかし、これはいささか根拠が怪しいため「逸話」であるとされている。というのも、ニュートンは公表した著書や論文で、重力の法則について明らかにしたり、その概念に解説を加えたりしているが、その際に「りんごの落下」については何も述べていないからである。

では、刊行物には記述されていなくとも、ノート類・日誌といった手書きの原稿あるいは手紙ではどうだろうか。第二次世界大戦後のニュートン研究ではニュートンの手紙も史料として頻繁に用いられるようになったので、書簡集が編纂され、それが今では７巻本として刊行されている。索引があるので、りんご（apple）に関係する語を調べてみると、第２巻には、数ヵ所に記載されていることが分かる。しかし、この語が用いられている状況は重力とは全く関係がなく、りんご酒（cyder=cider）の原料としてのりんご、つまり果樹としてりんごの木についてであった[4)]。マイクロフィルムが撮られた草稿についても同様であると思われる[5)]。こうして、ニュートン自身が書き残した文書には、「ニュートンのりんごの話」は全く見られないのである。多くの科学史家がこの話を根拠のない「逸話」と考える傾向にあることもうなずけよう。そうならば、この話は、たとえば子どもに重力をわかりやすく説明するために考えられた話が、概念の着想と取り違えられた誤解なのであろうか。それとも「火のないところに煙は立たぬ」のごとく、話の源はやはり、ニュートンにあったのか。

2　ブリュースタの『ニュートン伝』の記述

この問題に対する手がかりは、初めての本格的なニュートン伝の記述に求めることができる。物理学者・数学者でもあったディヴィッド・ブリュースタ（1781–1868）は1855年にニュートンの伝記を2巻本で刊行した。この本は、これまで知られていなかったニュートンの手稿を初めて利用するなど、本格的な伝記といってよいものであった。本文ではニュートンが1665年頃、りんごの落下から重力の着想にいたったことを述べているが、その注では、りんごの話がニュートンの直弟子であるヘンリ・ペンバートン（1694–1771）やウィリアム・ホイストン（1667–1752）によるニュートン追悼文には記述されていないことに注意を喚起していた。そして、りんごの話が、ニュートンの姪のキャサリン・バートン（後のコンデューイット夫人）からヴォルテール（1694–1778）へ、またロイヤル・ソサエティでニュートンが会長を務めているころの事務局長であったマルティン・フォークス（1690–1754）からロバート・グリーン（1678頃–1730）へ伝えられ、ヴォルテールとグリーンがこの又聞き話をそれぞれの著作に記述したと書いている[6)]。

3　「火のないところに煙は立たぬ」

ブリュースタの記述を確認しておこう。ヴォルテールはニュートンが他界した際にちょうどイギリスに滞在しており、ニュートンの葬儀にも参列したようだが、この年に刊行し、その後も版を重ねた『フランスの内戦について』の英訳版で次のように述べている。

> サー・アイザック・ニュートンは自宅の庭を歩きながら、木からりんごが落ちるのを見て、重力の学説を初めて思いついた[7)]。

この記述は「ニュートンのりんごの話」にとって最初の例となるもので

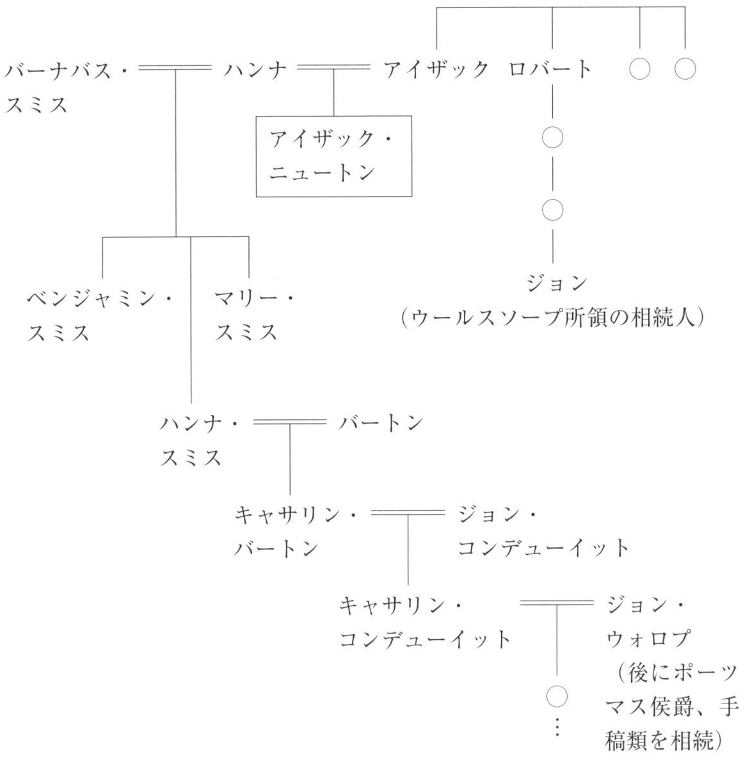

図2　ニュートンの家系図

アイザック・ニュートンは同名の父と母ハンナの子として、1643年1月4日（当時イギリスで使われていたユリウス暦では1642年のクリスマスの日）に生まれた。父も母もヨーマン（独立自営農民）であった。父はニュートンが誕生する2ヵ月前に他界した。母は彼が3歳の時に国教会聖職者のバーナバス・スミスと再婚した。ニュートンは生涯独身であったので、子孫を残さなかった。生家があったウールスソープの所領は、父の兄弟の血を引くジョン・ニュートンが継承したが、第4章で見るように、すぐに他人に売却されてしまった。一方、ニュートンの文書類（手稿を含む）は、ニュートンが晩年同居していた姪（異父兄妹のハンナ・スミスとバートンの間に生まれたキャサリン）とジョン・コンデューイット夫妻に受け継がれた。この夫妻の娘キャサリンは、後にポーツマス侯爵となる人物と結婚し、ニュートンの文書類は「ポーツマス・コレクション」として継承された。

あった。ヴォルテールはこの著作以上に有名になった『イギリスだより』（または『哲学書簡』）の英訳版（1733）の第15信「引力について」で、次のようにもう少し詳しく書いている。

> ニュートンは1666年にペスト流行のためにケインブリッジ近くの故郷に戻っていたが、ある日、庭を歩いているときに木から果実が落下するのを見て、重力について真剣に考えるようになった[8)]。

この引用では「りんご」ではなく「果実」となっているが、重力着想の時期が1666年と明記されていることは注目に値する。

グリーンについては、彼の著作『拡張力と収縮力の学説の原理』（1727）の最後の方でフォークスから「ニュートンのりんご」の話を聞いたと述べている[9)]。

こうして、ブリュースタによれば、ニュートンは重力発見の経緯を姪夫妻や学会活動の補佐役といった身近な人たちに話し、彼らがさらに他の人たちに伝えて、その過程で本にも記述され、広く世間に知られるようになったのであった。

こうであれば、「りんごの話」の源はニュートン自身にあったことになる。真相に迫るために、最近刊行されたニュートン伝に関わる手稿史料集を検討してみよう。ニュートンは晩年、姪夫妻と同居していたが、姪の夫ジョン・コンデューイット（1688–1737）は造幣局に勤め、長官であるニュートンを補佐する地位にあった。彼はニュートンを尊敬し、いずれは彼の伝記を書こうと、彼から直接聞いた思い出話を書き留めていた。その原稿にはこう記されている。

> ペストのために自分の領地に引きこもった1665年に、彼〔ニュートン〕は重力に関する自分の学説を思いついた｛木からりんごが落ちるのをみて、重力の最初の着想を得た｝[10)]。

このように、コンデューイット自身が書き加えた｛　｝の部分に、ニュートンがりんごの落下から重力の着想を得たことが明確に記されている。同じ史料集にはウィリアム・ステュクリ（1687–1765）の手稿も収録されている。彼もコンデューイットと同様に、いずれはニュートンの伝記を書こうとニュートンの生存中から資料を集めていたが、ニュートンが他界する1年ほど前の1726年4月15日（旧暦）に、ロンドンのケンジントンにあるニュートン邸を訪れた。彼はその時の様子を次のように書いている。

晩餐後、暖かかったので、彼と私だけで庭へ行き、りんごの木の下でお茶を飲んだ。

いろいろ話すうち、彼はこう語った。「重力という考えが浮かんだのも、今日とちょうど同じような状況であった。座って、りんごの落下を見ながら、こう自問した。『なぜ、りんごはいつも地面に垂直に落ちるのか。りんごが横や上ではなく、いつも地球の中心に向かうのはなぜか。……』」[11)]

ステュクリのこの記述は、ニュートンが自らりんごの話を語っていることを明確に示している一方で、ニュートンがいつ、どこでりんごの落下を見たのかについては触れていない。だが、重力の着想を得た時期と場所が1665年のウールスソープであったことは、先のコンデューイットの記述やニュートンの直弟子のペンバートンの史料から明らかである[12)]。

こうして、コンデューイット夫妻、フォークス、ステュクリといったニュートンの周辺にいたという点では共通するものの、相互には特別な関係のない人たちにニュートンが語った思い出話が「ニュートンのりんごの話」であると思われる。「話」の発端はニュートン自身にあった[13)]。ただし、同時に指摘しておかねばならないのは、ニュートンがりんごの落下から得た着想は、これ以後少なくとも40年間にわたって続けられる重力研究の最初の一歩に過ぎなかったことである。すなわち、りんごを落下させる力と、月が地球にひきつけられる力が同じだという認識がここで初めて得られたのであった[14)]。この認識だけでもかなり重要な知見といえるが、この力がそれぞれの質量に比例し、距離の2乗に反比例するといった、今日私たちが「重力の法則」と呼ぶものをニュートンが公にするのは、これから約20年後であったし、この時点でニュートンは重力の本性が何かを問題にしたわけではなかった。ニュートンの重力概念の展開の様子は幾つかの段階に分けて考えることができる。たとえば、①りんごの落下から着想を得た「地上の力学」と「天上界の力学」の統一、②『プリンキピア』（1687）

に示されている数式化（「重力の法則」）とその証明、③一時的なものに終わったが、エーテル仮説によるメカニズムの考察、④『光学』（1704）の「疑問31」に記述されている能動的動因の一つとしての重力、である。数学的才能に恵まれたニュートンにとって②は、私たちが予想するほど困難なことではなかったようであるし、40年近く格闘した後の④でもニュートンにとって重力の真の原因は不明であった。そして、晩年に自らの研究を振り返って印象に残っていたのが、最初の第一歩である①なのであった（第3章「補論：ニュートンと重力」参照）。

なお、「ニュートンのりんごの話」について、最近『ニュートン：最後の魔術師』を上梓したジャーナリストのマイケル・ホワイトは、真理を隠すためにニュートン自身がでっち上げた作り話であると主張している[15)]。学者として油の乗り切った時期に錬金術や神学研究にかなりの時間を費やし、古代の英知にこそ真理が隠されていると考えた「魔術師」ニュートンが一般の人々に真理を示すはずはなく、人々の目を欺くためにまずは身近な者にこの作り話を語って、意図的に真相を隠したというのである。魔術師には「隠秘の術」という伝統があり、自ら発見した真理を決して公にせず、それを伝えるにしてもごく少数の弟子に限り、しかも暗号や象徴などを使ってであった。「魔術師」ニュートンがこの伝統を守った可能性はある。しかしそうならば、ニュートンが公表し、刊行した主著の『プリンキピア』や『光学』で彼は真理を示さなかったのであろうか。ホワイトの見解は、それを裏付ける証拠が提示されていないため、あくまで一つの可能性に留まる。

第2章　ニュートンのりんごの木 ― 日本への渡来

現在、日本の全国各地の公園、小・中学校、高等学校、大学、植物園、農業試験場、果樹園などでニュートンのりんごの木を目にすることができる。その正確な数は全国集計のデータがないためわからないが、東京大学理学部附属（小石川）植物園（以下、小石川植物園と略記）が分譲したものが147本、長野県では県の農業経営者協会が1991年にこの団体の設立20周年記念として県内の小学校を中心に288本を寄贈したとのことなので、これだけでも400本を越える。インターネットで検索すればさらに数十の情報が得られるので、最低でも500本はくだらないと推定される[16]。インターネットの情報によると、ごく一部ものはアメリカ経由で取り寄せられたらしいが、大半のものは小石川植物園がその源になっている（図3参照）[17]。

ニュートンのりんごの木がどのような経緯で小石川植物園にもたらされたかについては、この植物園に当時勤務していた樹木園主任、伊藤義治が明らかにしている。しかし。記述にいくつか不正確なところがあるので、それを正した上で示すと、次の通りである[18]。

1962年秋に（イギリス）国立物理学研究所所長のサー・ゴードン・サザランド（1907–1980）が「国際純正・応用化学連合」実行委員会に参加するために来日し、化学者で当時学士院院長を務めていた柴田雄次（1882–1980）に、ニュートンのりんご1個を贈呈した。具体的にいえば、この学会のレセプション・パーティの席上で、サザランドはイギリスからの「お土産」として持参したニュートンのりんごを柴田雄次にプレゼントした。このりんごはサザランドの研究所の木からとってきたもので、「十分に熟す前にとってしまったために、立派とはいえないもの」であった。しかし、そのりんごからは種子が2個とれたので、それぞれの栽培を横浜市の園芸家鈴木吉五郎と神奈川県園芸試験場に依頼した。このうち鈴木が栽培する種子から1963年4月に発芽し、順調に成育したが、1973年には枯死した。

一方、サザランドはこのりんごとは別に、接木苗を送る準備を進めていた。というのも、種子から生育したりんごの木は、（少なくとも母方の遺伝子を受け継ぐため）ニュートンのりんごの木の子孫であるにしても、自家受粉でない限り、花粉により別種のりんごの遺伝子を受け継ぎ、純正なニュートンのりんごの木といえないため、ニュートンのりんごの木から若い枝を直接接木した苗を準備していたのである[19]。

1964 年 2 月にサザランドが手配した接木苗が日本に到着した。これはロンドンのキュー植物園の専門家によって、ニュートンのりんごの木と同じ品種である「ケントの花」と確認されたものであった。しかし、送られてきた苗木はウイルス（Apple Chlorotic Leaf Spot Virus）に侵されており、1 年間は横浜植物防疫所大和隔離圃場に留め置かれ、その後は特別の許可を得て、小石川植物園で隔離栽培されることになった。ようやく 1979 年にはウイルスを無毒化する作業が行われ、その成功によって小石川植物園で一般公開できるようになったのは 1981 年 1 月からであった。

図 3　小石川植物園のりんごの木

この木が日本全国で植えられているニュートンのりんごの木の原木である。

第3章　補論：ニュートンと重力

ニュートンのりんごの木が科学の記念樹として機能しているならば、その基盤となっている、ニュートンが発見した重力（万有引力）の法則はどのような意義を持ち、ニュートンは重力についてどのように考えていたかを理解しておく必要がある。ニュートンについての研究では、何らかの著作が平均すれば毎年1冊は刊行されているし、論文は種々な記事などを含めれば相当な数にのぼる。なかでもニュートンの重力概念については、最近になって急に注目されるようになった錬金術や古代王国年代記とは異なり、昔から関心を集めてきたテーマであるため、かなりの研究蓄積がある[20]。ここでは、あくまで「ニュートンのりんごの木」についての背景となるニュートンの重力研究について「教養」を深める目的で、大まかな理解を示しておきたい。

1　ニュートン以前の宇宙観

ニュートン以前の世界認識から話を始めよう。

12世紀ルネサンス以降、中世ヨーロッパで権威をもっていたのは、スコラ学の一環として教えられていたアリストテレス（前384–前322）の宇宙観であった。これによれば、世界は天上界と月下界から構成されていた。月下界はわれわれ人間が暮らしている場で、宇宙の中心でもある地球の中心から月の「天球」までの世界であった。ここで「天球」とは星をのせている透明な巨大な球体のことである。透明であるためわれわれには見えないが、実在することは星（惑星、恒星のいずれも）の周期運動から明らかであると考えられていた。星が周期運動を行うのは、星自身ではなく、星をのせている天球が回転するからであった。天上界には、月下界との境に月をのせた天球、その次に水星をのせた天球、さらにそれぞれ順に、金星、太陽、火星、木星、土星、そして一番外側に恒星をのせた全部で8個の天球があった。この宇宙観によれば、天上界には果てがあり、その境は恒星をのせた天球である。恒星天球の外側には何もないので、世界は有限で、しかも天球で囲まれた「閉じた」世界であった。こうであるならば、どの星の軌道も地球を中心とした同心円となるはずで、古代以来知られていた惑星の不規則な運動（このため、これらの星は、惑《とまど》う星と呼ばれた）と合わなくなるが、この点については、それぞれの惑星の回転軸の位置が異なるため、天球の内側にある地球からは不規則に見えると説明された。この説明はこじつけのように思えるが、これがこじつけであれ何であれ、月下界という「不完全な世界」に住む「不完全な」人間には、「完全な世界」である天上界の秩序を完全に理解することはできないと考えられていた。

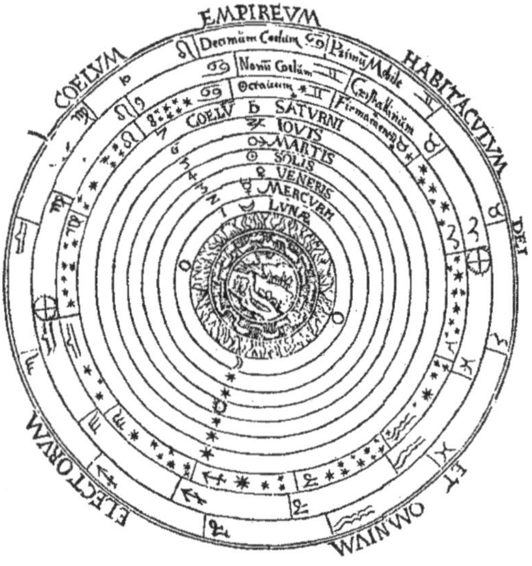

図４　アリストテレス的宇宙観

アピアヌス（1495–1552）の『宇宙誌』（*Cosmographia*, 1539）より。

宇宙の中心には地球があり、土と水の上には、空気、火が層をなして存在し、月下界を構成している。その上にある天上界では中心から外側に向かって、月、水星、金星、太陽、火星、木星、土星、恒星の各天球が同心円を描いて配列している。一番外側には、神（Dei）が存在する。この図は、宇宙が閉じた世界であることを示すと共に、それは神によって保護されていることを物語っている。

月下界については、地球の中心から月の天球まで、アリストテレスの４元素である「土」、「水」、「空気」、「火」がこの順にこれらの元素の本来の場として、層状に存在した。つまり、「土」の本来の場が土の球「地球」で、その上に池や湖、川、海といった「水」の層があり、その上に「空気」の層、さらにその上に「火」の領域が月の天球のすぐ下のところまで存在した。「不完全な」世界である月下界では、「完全な世界」である天上界に見られる永続的な回転（円）運動は存在せず、初めと終わりがあり、上下、左右、前後といった、相対立するものの間にある直線運動が支配的であった。地面にある石をつかんである高さまで持ち上げ、手を離すと石は地面に向かって直線的に落下するが、この現象は、今日のように「手から離れた石が重力によって引かれて自由落下する」のではなく、手から離れた石が、本来の場である「土」の領域である地球の表面に戻ると理解された。同様にして、ろうそくの炎が、無風であれば、まっすぐ上に昇っていくのは、ろうそくの中に閉じ込められていた「火」の元素が、これ本来の場所である月下界最上部の「火」の領域に戻ることなのであった。

２　宇宙観の革命

このようなアリストテレスの宇宙観は２千年近く生き続けた。もちろん、これに対する批判がなかったわけではないが、それが今日から見て正しい指摘であっても、部分に留まる限り、この宇宙観は簡単に崩れなかった。たとえば、ボールを投げた時、その軌跡が放物線を描くという現象について、アリストテレス主義者は「自然の真空嫌悪」説（自然は真空ができるのを嫌うため、真空ができそうになると周りから空気が入り込み、ボールをもち上げる）で対処しようとしたが、これで納得できなかった人たちは「インペトゥス」（＝勢い、ボールに手から勢いが与えられる）説を提起するようになった。しかし、この説が運動についての新しい考え方を含んでいたとしても、この説によりアリストテレス宇宙観が崩れることはなかった。

結局のところ、アリストテレスの宇宙観にとってアキレス腱となったのは「天球」であった。天球こそ、天上界と月下界を隔てる壁のようなものであったが、この壁はケプラー（1571–1630）によって取り除かれてしまった。彼は第一作『宇宙の神秘』（1596）では天球の概念を使って宇宙の幾何学的構造を論証しようとしていたが、その後火星の軌道について研究するなかで「楕円軌道の法則」、「面積速度の法則」を発見し、２千年近くにわたって信じられてきた天球の存在を否定し、宇宙観に革命をおこしてしまった。宇宙観の歴史において、天動説にかえて地動説を唱えたコペルニクス（1473–1543）は有名であるが、その彼でさえ地動説を論証しようとした『天球の回転について』（1543）では、著作の表題に示されているように、「天球」の概念を用いていたのである。

3　ニュートンによる重力の発見

ケプラーによって天球の存在は否定されたが、その結果、宇宙はどうなったであろうか。一つ明らかなことは、天上界と月下界の間に存在した壁がなくなってしまったことである。壁があるとき２つの世界には、今日風にいえば、別々の自然法則が存在したが、壁がなくなった結果、２つの世界はつながった。しかし、その世界にどのような秩序があるのかについて、ケプラーやデカルト（1596–1650）などから新しい提案があったとはいえ、暗中模索の状態が続いていた。このなかで登場したのがニュートンである。彼は、ペストの流行によるケインブリッジ大学の閉鎖や、ロンドン大火後の政情不安のため1665年から66年までの２年間、一時、故郷のウールスソープに戻っていた。この２年間は彼の生涯のなかでも最も創造的な時期と考えられ、彼の科学上の主要な業績（たとえば、「流率法」とその逆（＝微分・積分法）、光と色の理論、運動の基礎理論）はこの時期に端緒が捉えられていた。重力の理論もそうであった。この２年間のどの時点であったかまでは特定されていないが、彼が晩年に主に親しい人たちに語った思い出話によると、こうである。庭にでて、りんごが落下するのを見た彼は、りんごが落下する際に働いている力と、月をその軌道に留めている力が同じ地球の重力であることに気づいたのであった。一般化していえば、地上の物体と天の星には同じ力が働いているという着想が得られたのである。こうして、天球なき世界に、一筋の秩序が見いだされた。ただし、これは生涯にわたって思索が続けられることになるニュートンの重力研究の第一歩に過ぎなかった。この段階での成果は、あくまで宇宙と地上に重力という同じ力が働いているという着想であった。ニュートンが晩年に語った思い出話によれば、すでにこの時に重力の定式化も行っていたようであるが、それが誰にでも分かる形で示されたのは主著『プリンキピア』(1687) においてであった。

４ 『プリンキピア』での重力

ニュートンと問えば、『プリンキピア』と答えられるように、両者は分かちがたく結びついている。その理由は、ニュートンがこの著作で後世に絶大な影響力を及ぼした重力（万有引力）の法則を明らかにしたからである。このため、この著作については公刊に至るまでの経緯（ハレー (1656-1743) との会話から始まった惑星の軌道計算や、重力法則の定式化をめぐるフック (1635-1702) との対立･論争など）や公刊後の反響、重力法則の導出法など、様々なことが「微に入り細をうがつ」まで調べられている[21)]。重力法則の導出法に関しては、専門的になり過ぎるため、本書では割愛する。それにかえて、この著作の時点でニュートンが重力をどのように考えていたかを見ておきたい。

『プリンキピア』において重力法則が導出されるのは、「第３篇　世界体系について」である。導出は本篇の方でなされるが、その序のなかの「哲学することの諸規則」で重力をどう捉えるかが示されている。この「哲学することの諸規則」とは、デカルトの『精神指導の規則』(1628) のように、研究対象が広がり過ぎないように、対象の範囲をあらかじめ指定する、著者が自らに課した規則である。ニュートンは４つの規則を定めているが、このうち重力に直接関係するのは、次のような「規則Ⅲ」である。

規則Ⅲ　物体の性質で、増強も軽減もできず、実験によって見出される限りのあらゆる物体について成り立つものは、すべての物体の普遍的な性質と見なさなければならない[22)]。

この規則は、物体の普遍的な性質を決めるための基準を示したものであった。ここには２つの基準がある。１つ目は「増強も軽減もできず」、２つ目は「実験によって見出される」である。１つ目の基準は何を意味しているのだろうか。なお、４つの規則については、それぞれにニュートンが注釈を書いている。他の３つの規則は数行で終わっているが、規則Ⅲは２

頁近くにもなるので、結論だけを示すと、ニュートンにとって物質の普遍的な性質とは、拡がり（体積）、堅さ、不可入性、可動性、慣性力であった。このなかに重力が含まれていないことが重要なのである。この点について、規則Ⅲの注釈の最後の段落にこうある。

> ……本規則によって、物体はすべてどんなものであれ、互いに重力を及ぼし合うと主張されねばならないであろう。……しかし、重力が物体に本質的なものであると、私は主張しているのではない。｛物体の｝固有力というとき、慣性力以外のなにものも意味しない。それは不変のものである。ところが物体の重力は、物体が地球から遠ざかるにつれて減少してゆくものなのである[23)]。

重力はすべての物体に作用するが、物質の普遍的な性質とはみなせない。なぜなら、物質が持っている力ならば、その大きさは一定であるはずなのに、重力の大きさは $F=\frac{kMm}{r^2}$ にしたがって、距離によって変わるからであった。このため、重力は先の基準「増強も軽減もできず」（言い換えると、大きさが一定）を満たさないので、物体の普遍的な性質ではないのである。

重力が物体の普遍的な性質でないとすれば、この力をどう理解すればいいのか。重力は「万有引力」と言い換えられる。このとき、「万有」引力とは「万」物に「有」る、つまり万物が持っている引力のことであるが、ニュートンは、重力が物質の普遍的性質ではないと主張しているので、「万有引力」という表現を認めないであろう。物質の普遍的な性質ではないが、すべての物体の「間《あいだ》」に存在する力であるので、ニュートン自身の考えをあえて表現するとすれば、万「間」引力となろう。こうであるため、重力の本質をどう考えるかをめぐって、学界では論争が巻き起こるが、ここではそれに立ち入らず、『プリンキピア』刊行後のニュートンの重力観を見ておく。

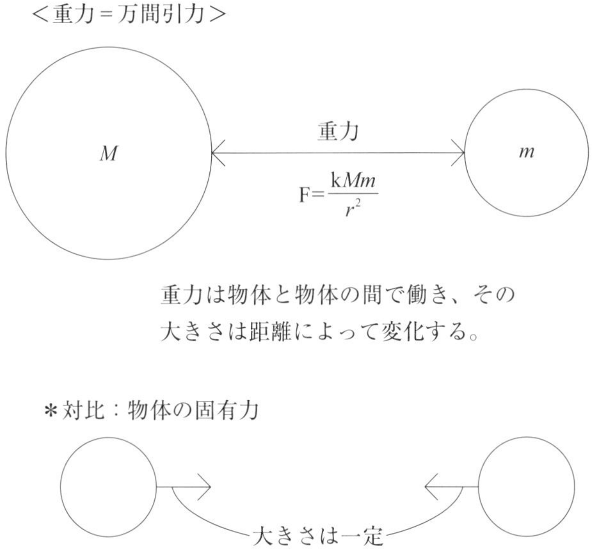

図5　ニュートンの重力概念：万間引力

5　『光学』の「疑問31」における重力

ニュートンの第2の主著といわれるのが『光学』（1704）である。この本については、反射、屈折、回折などの光学現象や法則を明らかにした本論がもちろん重要であるが、それ以上に付録として掲載された一連の疑問が大きな影響力を持っていた。この疑問の文章量はまちまちであったが、版を重ねるたびにその数は増え、最終的には31に達した。ニュートン自らが「疑問」（Query）と断って、実証が不十分な現象について、自由に思索を書き留めた箇所であった。この箇所は、ニュートンにとっては自分への批判に反論する場でもあったし、読者にとっては重力の法則を明らかにしたあの偉大なニュートンが、これから行うべき研究テーマをそれに関わる考え方と共に示したものであった。

疑問のなかで重力の本性を単独で論じたものはないが、重力に言及した疑問は幾つかある。そのなかでニュートンが考えをはっきりと述べているのは「疑問31」である。この箇所では粒子から天体にいたるまでの自然界の秩序が取り上げられている。ニュートンによれば、次の通りである。自然界には大別すれば2つの動因が存在する。受動的動因と能動的動因である。前者の例は慣性力で、自然界が創造された時点で与えられた運動を続けるだけである。しかし、自然界には摩擦や粘性のように運動を止める原因も存在するので、これだけでは世界はいずれ無活動になる。しかし実際にはそうなっていないので、世界には運動を新たに始める能動的動因が存在していることになる。重力がその例である。重力については、事物の特殊な形態から生じるとされる「隠れた性質」（occult quality）と考える人 ── 名前は明記されていないが、明らかにライプニッツ（1646–1716）── もいるが、これは一般的な自然法則の結果である。その原因はまだ分からないので、原因の究明を今後に期待したい[24)]。

疑問31での結論は、必要ならば自然法則さえ変えるなどして、自らが創造した世界に積極的に介入する神の存在を指摘することにあるので[25)]、重力が代表例となる能動的動因の起源は神であろうと、どの読者でも判断するであろう。いずれにせよ、万「間」引力である重力が何かについては法則発見者のニュートンにとっても謎であった。

第2部

イギリスでの調査

図6　調査地点のイギリス地図

① ウールスソープ・マナ（ニュートンの生家）
② ケインブリッジ大学
③ A）キュー植物園　B）ロイヤル・ソサエティ
④ イースト・モーリング研究所

第４章　現地調査の前に

１　キーシングの研究から

ニュートンのりんごの木についてイギリスでいろいろ議論されているのは、「ニュートンのりんごの話」だけではない。りんごの木自体の由来についてもそうである。つまり、現在、ナショナル・トラストが管理しているウールスソープのニュートンの生家に植えられているりんごの木は、たとえ「りんごの話」が正しいとしても、ニュートンが重力を着想した時に実際に見ていた木なのかという問題である。これについて、新しい史料を提示しながら検討しているのがキーシングである。ニュートンのりんごの木の系譜を明らかにした彼の研究は、基礎となる事実を初めて明らかにしたものとして重要であるので、これからやや詳しく見ておきたい[26)]。

キーシングはニュートンのりんごの「話」を検討した後、りんごの木の系譜論にとって基礎となる、ニュートンの死後から現在までのウールスソープの生家の所有者と住居者を明らかにしている。その結果は次の通りである。

表１　ニュートンの生家の所有者　　※ 1727 年：ニュートン死去

1727–32 年	ジョン・ニュートン（ニュートンの親族）
1732–33 年	トマス・アルコック
1733–69 年	エドモンド・ターナー（1688–1769）
1769–1805 年	エドモンド・ターナー（1715–1805）
1805–1829 年	エドモンド・ターナー（1754–1829）, FRS
1829–1886 年	クリストファ・ターナー（1809–1886）
1886–1940 年	クリストファ・ターナー（1873–1940）
1940–1943 年	ハーバート・ターナー（1886–1980）
1943–現在	ナショナル・トラスト

※ FRS：ロイヤル・ソサエティ会員

この表から分かるように、ニュートンの死から6年後以降は、リンカンシャ州の富裕なターナー家がニュートンの生家と領地を所有した。しかし、彼らはここに住まず、代々ウラトン家に貸していた。

ニュートンの死後、りんごの木について明確に記述したのは、上記の3代目のエドモンド・ターナーであった。彼は1806年にグランサムの地方誌といえる『グランサムの町と近郊』を刊行したが、その160頁の注でニュートンのりんごの木に言及し、「その木は今もまだあり、よそ者が見に来る」と書いていた。

ウールスソープにあるりんごの木のその後について重要なのは、この木が1816年から1820年の間に突風で倒れたことである。この倒れたりんごの木については、スケッチ2枚（1816年の木を描いた作者不明の作品、および3代目のエドモンド・ターナーの弟チャールズ（1763–1853）によるスケッチ）を含め、文書も残されている。それらによれば、倒れた木の一部が切り取られ、記念品として椅子が作られた（この椅子は現在、個人の所蔵品）ほか、

図7　突風で倒れたりんごの木
詳細は、第8章参照。
（ⓒThe Royal Society, London）

若い枝が接木で殖やすために少なくとも数回にわたって切り取られた。また、後に初めての本格的なニュートン伝を書くブリュースタは1830年にウールスソープの生家を訪れ、倒れた木の一部を記念品として切り取り、箱に収めてロイヤル・ソサエティに寄贈した。しかし、残念ながら、現在は箱だけが残っていて、木の一部やこのとき書かれたりんごの木の場所などを記したニュートンの生家の地図も失われてしまっている。

キーシングはこの後、ニュートンの生家がニュートンの時代から18世紀末までに、生垣が新たに設けられたこと以外は変化していないこと、また、ニュートンの生家の果樹園にはりんごの木が1本しかなかったという19世紀の史料を基にして、ニュートンのりんごの木の話が真実なら生家に植えられていた木こそ、ニュートンが重力を発見した際に見ていたりんごの木であると主張した。しかし、この木と現在の木との関係は不明であるので、キーシングは突風で倒れて以後のりんごの木について追跡した。その結果によると、現在「ニュートンのりんごの木」と称されているものには、少なくとも次の2系統がある。

Ⓐ　ニュートンの生家に今も植えられている木
　1942年にキュー植物園はこの木から接木したものを栽培するようになり、その木からさらに接木したものがアメリカへ渡った。

Ⓑ　1810年代の突風直後に倒れた木から接木され、グランサムから北東へ10kmほどのところにあるサー・ブラウンローのベルトン・パークで栽培されたもの。

サー・ブラウンローはニュートンの生家の所有者であったターナー家と隣人関係にあった。1939年以降にこの木からさらに接木されたものが、ケント州のイースト・モーリング果樹試験場（現在のイースト・モーリング研究所）で育てられるようになった。現在世界中で「ニュートンのりんごの木」として育てられているものの大半は、ここの木から接木でふやしたものである。

Ⓐから接木でふやしたものがⒷであるとするなら、ⒶとⒷは、もちろん同じものである。しかし、19世紀から20世紀の史料のなかには、突風で倒れた木自体は枯死したと記しているものがあるし、倒れた木から接木の

ために若い枝を切り取った人たちのなかにサー・ブラウンローの名前は見当たらない。また、ベルトン・パークにはニュートンのりんごの木について栽培記録のような史料が残されているわけではない。Ⓑの系統の存在が明らかにされたのは、20世紀になってからであった。

キーシングは、19世紀に描かれたスケッチや木が植えられている場所などから、Ⓐこそがニュートンの見ていたりんごの木だと結論した。突風により倒れ、枯死したとも記述されたが、実は根の部分は生き残り、そこから現在の木が成長したと考えるのである。それを証明するために、現在の木の樹齢を現代科学の次のような方法により決定しようとする。

㈠　**年輪年代学**

ウールスソープの木に加え、ベルトン・パークの木からも試料がとられたが、年輪調査の結果、その木は1923年から成長が始まったことが分かった。しかし、ニュートンの生家に住んでいた最後の人物マリソン・ウラトンは子どもの頃（第一次世界大戦開戦（1914年）以前）にこの木を見たことを覚えているので、年輪から推定される樹齢と、明らかに合わない。キーシングは、りんごの木の樹齢が年輪からは推定できないと述べている。

㈡　**放射性炭素年代測定法**

この方法によると、りんごの木の起源は1810年から1820年という結果が得られた。そうだとすると、キーシングが考えたように、突風で幹は折れたが、根は残っていてそこから新しい幹が成長して今日の木になったということになる。

㈢　**DNA法**

枯れた木の断片からDNAを抽出しようとする実験が行われたが、成功していない。

キーシングのこの研究は貴重な成果ではあるが、彼はウールスソープで現在も生きているりんごの木の起源をニュートンが見ていたりんごの木に求めようとしすぎている。ニュートンのりんごの木について明確な記述があるのは、1806年の3代目のエドモンド・ターナーの著作だけであって、これ以前は何もない。したがって、1806年以前については不明というほかない。

２　調査事項の決定

⑴　キーシングの研究成果を基礎にするならば、日本に渡ってきたニュートンのりんごの木が、イギリスのどこの木に起源しているかを明らかにしておく必要がある。言い換えると、サザランドが送ってきた接木はどこのものであったかである。サザランドが所属する国立物理学研究所に植えられていたものだろうか。あるいは、りんごの木の証明書を発行したキュー植物園で育てられたものだろうか。それとも、他の多くと同様に、イースト・モーリング試験場からのものだったのか。または、ウールスソープの木から直接採取されたものか。この点に関して、これまでの研究は何も述べていないし、全く答えることができないであろう。というのも、わが国でのこれまでの研究は、日本側の史料だけしか検討していないからである。したがって、まず必要なことは、事前の調査で存在が確認された「サザランド文書」（ケインブリッジ大学図書館所蔵）中の「ニュートンのりんごの木」関係の史料にあたることである。

⑵　キーシングが言及しているイースト・モーリング試験場やキュー植物園についても、どのような史料が残されているかを調査しなくてはならない。

⑶　研究テーマにとって、そもそもの発端であるウールスソープのりんごの木についても実物を見ておく必要がある。

⑷　りんごの木の系譜にとって、1810年代に突風によって倒れたことは一大転機と見なされるので、これを描いたスケッチ（ロイヤル・ソサエティ所蔵）は是非とも確認しておかねばならない。このスケッチにかかわる状況が何かつかめるかもしれないからである。たとえば、このスケッチが収められている『ニュートン主義者』とは、どのような性格の本だろうか。

以下では、調査した機関ごとに、まず史料の概要を明らかにする。次に、史料を項目ごとに古い順に並べ、それぞれの内容がつかめる程度に翻訳して示す。以下の史料については国内外で存在さえ知られていないものがほとんどであるので、大まかな訳のものであっても今後の参考になろう。なお、各史料の前に付した（C-1）などの記号は筆者が加えたものであり、各所蔵機関の分類記号ではない（大半の文書には、正式な分類記号がつけられていない）。

第5章　ケインブリッジ大学図書館
── サー・ゴードン・サザランド文書

1　史料の概観

ニュートンのりんごの木の普及に尽力したサー・ゴードン・サザランドは、スコットランド生まれの生物物理学者である。1956年から1964年まで国立物理学研究所の所長を務めた後、1977年までケインブリッジ大学イマニュエル・カレッジの学寮長であった。彼が残した文書（サザランド文書）には専門分野の文書だけでなく、科学政策の立案に関係した文書も含まれており、それらはケインブリッジ大学図書館の手稿文書部（Department of Manuscripts and University Archives）に所蔵されている。本研究で検討したのは、国立物理学研究所時代（Section H）の文書類のうち、ニュートンのりんごの木に関する、主に日本との文通である（Sir Gordon Sutherland Papers（Cambridge University Library MS. Add. 8353）中のH. 25）。

2　史　料

(ア)　ニュートンのりんごの木を日本へ送る

(C-1)「サザランドから柴田雄次への手紙」（1962年11月13日付）

東京で開かれた晩餐会の際にニュートンのりんごを差し上げましたが、そのとき、おそらく、りんごの木も贈呈できるでしょうと申し上げました。この件をキュー植物園園長サー・ジョージ・テイラに話しましたところ、1年後くらいに船便で小さい木を送りましょうと言われました。これにご異存なければ、ご同僚のトミタさんに手伝っていただき、送る準備に入ります。

(C-2)「柴田からサザランドへの手紙」（1962年12月11日付）

ホテルニュージャパンでの晩餐会から数日たってから、朝比奈〔貞一〕博士（かつての共同研究者で、現在、横浜市青少年センターの所長）に相談しました。彼は趣味で植物を育てているので、ニュートンのりんごの種子を蒔くという私の提案を支持してくれました。神奈川県園芸試験場の所長の立会いのもとで、りんごを切り、種を取り出しましたが、5粒のうち繁殖力のあるものは2粒でした。1粒はこの試験場で育ててもらい、もう1粒は念のため、育種の専門家鈴木さんに栽培を依頼しました。来春に良いお知らせができるといいのですが。

サー・ジョージ・テイラからニュートンのりんごの若木をいただけるとのこと、感謝にたえません。ただ、税関の厳しい検査をパスできるか気がかりです。

(C-3)「サー・ジョージ・テイラからサザランドへの手紙」(1963年5月4日付)

柴田博士との手紙の写し、ありがとうございます。ご存じのように、元の木を接木した2本の木、つまり1本は中国向けで、もう1本は日本向けですが、これらを秋に送るよう準備しています。

(C-4)「柴田からサザランドへの手紙」(1963年5月21日付)

ニュートンのりんごの種子からうまく発芽しました。前に申し上げましたように、発芽の可能性のある種子は2粒でしたが、そのうち横浜の鈴木さんが育てているものから発芽しました。神奈川新聞が撮ってくれた同封の写真をご覧ください。神奈川県園芸試験場で蒔いた種子に発芽の兆候は今のところありません。

ロンドンで来月に開催されるIUPACの会議に水島〔三一郎〕教授が出席されますので、そのときにこの件に関してもっと詳しくお話しいたします。

※この手紙には2枚の写真が添えられている。

写真A：鉢に植えられた葉が4枚のりんごの木

写真B：NHKのテレビ番組「私の秘密」でりんごの木の苗を示す朝比奈貞一博士（写真Bについては何の説明も加えられていない）

図８　写真Ａ 「サザランドが持参したりんごの種子からの発芽」
（ⓒCambridge University Library）

図９　写真Ｂ　NHK テレビ「私の秘密」で取り上げられた苗木
「私の秘密」は 1955–67 年に放映された日曜日夜の人気番組。「秘密」をクイズ形式で解き明かす。りんごの苗木を説明しているのは朝比奈貞一博士。　　　　（ⓒCambridge University Library）

(C-5)「サザランドから柴田への手紙」(1963年5月28日付)

種子からうまく発芽したとのお知らせ、うれしく承りました。写真もありがとうございました。キュー植物園の木の発送準備が整いましたら、お知らせいたします。種子から育った木は、おそらく別種のりんごの木との混血ですから、純正なニュートンのりんごの木とは言えないでしょう。2本にどのような違いが出てくるかを見るのが楽しみです。6月に水島教授とお会いできるのを楽しみにしています。

(C-6)「サザランドから柴田への手紙」(1964年2月20日付)

1962年に日本を訪問した際にお約束した、ニュートンのりんごの木の接木を数日前に発送しました。無事に届き、成長し、実がなってくれればいいですね。種子から育ったりんごと比較できるのを心待ちにしています。

(C-7)「柴田雄次からJ.ウィリアムズ（国立物理学研究所所長）への手紙」
(1964年2月26日付)

接木苗が良い状態で無事に東京の空港に到着しました。

(C-8)「柴田からサザランドへの手紙」(1964年3月30日付)

30日くらい前に、ニュートンのりんごの木の接木を発送されたことを知らせるお手紙を受け取りました。お手紙が届く前に、ウィリアムズさんが送ってくださった接木は無事に羽田空港に良い状態で届き、そのときに彼にお礼状を出しておきました。

今の日本には植物検疫に関する法律があり、海外から持ち込まれた植物はすべて、東京の西側の郊外にある政府が管轄する隔離された農場で約1年間、育てて様子を見なくてはなりません。

私はこのような法律があることを知らなかったので、空港の税関の係員から知らされてびっくりいたしました。接木苗は羽田から直接、隔離農場へ送られました。

10日前に、イギリスからの私のかわいい養子がちゃんと温かく扱われているかを見るためにこの農場へ行ってきました。

私の息子が撮ってくれた写真からお分かりのように、接木苗は順調に育っており、安堵いたしました。係員によると、来春には健康状態を確かめるために、枝を１・２本接木するようです。

※この手紙には４枚の写真が添えられている。接木苗は地植えされている。

(C-9)「サザランドから柴田への手紙」(1964年４月８日付)……(C-8)への礼状

(C-10)「柴田からサザランドへの手紙」(1967年７月13日付)

1964年２月にいただいたニュートンのりんごの木の最近の様子を写した２枚の写真を同封いたしました。あのとき、輸入植物すべてを対象とした検疫法により、接木苗は１年間政府の農場で隔離栽培されると申し上げました。翌年の春にこの若木が安全であることが証明されましたので、専門の栽培者の下で管理してもらうために、私はこれを東京大学の植物園に移しました。今年、この木は花を咲かせ、写真のように、多数の実をつけました。

種子から育ったりんごの木も順調に成長しています。来春には花を咲かせるでしょう。

※この手紙には２枚の写真が添えられている。

(C-11)「サザランドから柴田への手紙」(1967年７月19日付)……(C-10)への礼状

(イ)　その他

(C-12)「ケインブリッジ植物園」(Cambridge Botanic Garden)のレターヘッドの用紙に文献・30がコピーされている。

(C-13)「ケインブリッジ植物園」のレターヘッドの用紙に次の記事がコピーされている。D. T. ホワイトサイドからギルモアへの文書、1965年11月６日。

ニュートンとりんごの話に関して、印刷物で最初にそれが見られるのは、私の知る限りでいえば、ニュートンの死から数ヵ月後の1727年、史料・4, p. 972です〔引用省略〕。

ヴォルテールは（ニュートンの姪、キャサリン・コンデューイットから聞いた）この話を史料・10のp. 104で次のように述べていました〔引用省略〕。

（文献・27；J. Pelseneerの論文、*Ciel et Terre*, 53（1937）：190–93と*Lychnos*（1938）：366–71を参照してください。ウールスソープの元の木「ケントの花」からの接木を広めるにあたってのサー・スティーヴン・ターレンツの役割については、文献・27の論文とA. P. Rolletの記事、*Mathematical Gazette*, 49（1965）：86–87を比較してください。またA. Sutcliffe and A. P. D. Sutcliffeの*Stories from Science*, 2（Cambridge, 1962）のpp. 61–65もご覧ください。）

しかし、この話に関して最も信頼できるのは、1726年4月15日にニュートンを訪問したときのステュクリの説明です〔A. H. White（ed.）, *Memoirs of Sir Isaac Newton's Life*, 1936, pp. 19–20からの引用は省略〕。

これは、晩年のニュートンが落下するりんごと地球に向かって絶えず落下する月との類比を好んで語っていたことを示す、強力で独立した当時の証拠ですが、これをありのまま以上に考えるべきではありません。つまり、これは曖昧な思い出話にすぎず、〔りんごが植えられている〕果樹園がどこにあったのか、ニュートンはいつ、どこで、りんごを見ていたかを特定していないのです。果樹園がウールスソープ・マナにあり、時期はペストが流行した1665–66年であったとすることは、無批判な仮定以外の何ものでもないと思います。実のところ、ニュートンが当時ウールスソープの家を所有していたかどうかも定かではありません。（1679年に明らかになる彼の母の遺言書にはニュートンが相続するウールスソープの「Ling（long?）」ハウスを1672年に購入したことが記されていますが、この遺言書にも彼の義理の父の遺言書にもウールスソープの他の家については述べられていません。）また、ニュートンが1665–66年に訪れたことを記録しているリンカンシャ州のただ一つの場所はブースビ・パグネルです。重要なのは、彼の叔父のバビングトンがそこの教会の主任牧師であったことと、当時の地図によれば、この教区の北西には広大な植林地があったことです。さらに悪いことに最近の歴史家は、ニュートンによる重力の発見を1666年よりも後の時期に位置づける傾向にあり、このことはもちろん、伝統的な〔りんごの〕話をさらに窮地に追い込むでしょう。りんごの話にでてくるりんごの木がウールスソープのりんごの木であると特定したのは19世紀初期のエドモンド・ターナーだけです。彼は、リンカンシャ州地方の地主にして博愛主義者で、1799年に当時の所有者からウールスソープのマナ・ハウスを購入し、それを17世紀の様式に戻すことにたいへん熱心で、ニュートンが生まれた寝室やニュートンの研究が行われた場所を「特定」しました（と私は思います）。彼がニュートンのりんごの木であると考えた木は玄関の左手に植えられていた老木で、1822年頃突風で倒れました。（残念なのは、そのとき誰も年輪を数えなかったことです。数えていれば、1666年にりんごがなったかどうかを決定できたかもしれません。）あなた方（キュー〔植物園〕とトリニティ〔・カレッジ〕、また幾つかの育種機関）にとって唯一慰めとなることを申し上げれば、あなた方の木はターナーが1799年に特定した木に由来することははっきりしているし、またそのりんごの種類は17世紀には料理用のりんごとしてよく使われていたことです（18世紀にそうであったかはわかりませんが）。

しかし、いずれにしても、りんごの話はもっともらしくもあり、よくできています。あなた方のりんごの木の父親がニュートンのりんごの木であったかもしれません（誰がそのことを知っているでしょう）。ともかく、伝統的な話は今や簡単にはひっくり返せないほど、たいへんどっしりとしています。

３　調査結果

⑴　（C-1）によれば、日本へ到着することになる接木苗は、キュー植物園からであった。（手配したサザランドも２年間くらいそう考えていたようであるが、以下の（K-20）からわかるように、送られてきた苗木は実際にはイースト・モーリング研究所で育てられたものであった。）

⑵　（C-3）によれば、ニュートンのりんごの木の接木苗は、日本だけでなく、中国にも送られていた。

⑶　（C-4）のテレビ番組の写真は、今回の調査での大発見の一つである。種子から発芽したことが当時大人気だったテレビのクイズ番組で取り上

図10　トリニティ・カレッジの紛らわしいニュートンのりんごの木

ニュートンは1660年代から90年代にかけて学生、教授としてこのカレッジで暮らしていた。そのためこの写真の木こそ、ニュートンが重力概念の着想を得たりんごの木と思われるかもしれないが、それは誤りである。トリニティ・カレッジにニュートンの木が植えられたのは20世紀の後半になってからで、しかも写真の木はおそらくその2代目である。

げられたことは今では誰も記憶していないので、この写真は貴重な「里帰り品」である。

⑷ （C-10）より、1967年夏には接木苗が小石川植物園で管理されるようになった。

⑸ （C-13）の手紙は注目すべきものである。「ニュートンのりんごの話」に対する懐疑が、史料のレベルにまで踏み込んで示されたことはなかったからである。しかも、著者は、後にニュートン数学の草稿を編集・出版することになる数学史研究者のホワイトサイドである。しかし、この手紙は関係機関の間で回覧されただけで終わったようである。

第6章　イースト・モーリング研究所

1　史料の概観

通常、歴史研究者がイースト・モーリング研究所を訪れることはないであろう。というのも、ここは果樹の品種改良などを行う研究施設であるからである。そのためか、歴史文書を一応保存しているものの、管理状況は極めて悪い。「ニュートンのりんごの木」と題された箱に、手紙、新聞の切り抜きなどが分類や整理を一切せずに、まとめて入れてあるだけだからである。ただし、複写は自由にさせてもらえた。

2　史　料

㈠　りんごの木の身元証明・系譜をめぐって

(E-1)「所長からキュー植物園のキャンブルへの手紙」(1943年9月30日付)

私の推測ですが、オズボーンさんやここの人たちは、元の木の唯一の生き残りだといわれているベルトンの木に由来するわれわれの木と、これもまた元の木に由来するとされるウールスソープ・マナに現在も存在する木が同じものかに関して、はっきりとした結論を出せないでいます。

サー・スティーヴン・ターレンツと故クリストファ・ターナーの証拠に基づいて、私どもはベルトンの木から接木をとり、ロイヤル・ソサエティの求めにより、この冬にペンシルヴェニア歴史委員会へ木を発送する準備をいたしました。実際、必要な許可をすべて取得しました。

ウールスソープ・マナの現在の所有者が、自分のところの木が元の木の子孫だと主張する際の証拠は何でしょうか。特に、ターナーさんの曾祖父が唯一の子孫はベルトンにあると主張された事実がありますので。

当然のことですが、キュー植物園はこの2・3年の間に広められた木と異なる木を、ロイヤル・ソサエティに代わってアメリカへ送るつもりはありません。ロイヤル・ソサエティの会長サー・ヘンリ・デイルとペンシルヴェニア歴史委員会の会長ライトさんにこの間に起こったことを説明するのが重要だと思いますし、私どもが木の身元確認を終えるまで木の発送を延期します。貴園がこの提案を受け入れてくださり、ソールズベリ博士がキュー植物園園長として、またロイヤル・ソサエティの代表として、私どもの委員会に彼の証拠を提供してくださるとうれしく存じます。しばらくの間、接木の準備はいたしません。

(E-2)「タイディマンからハットン博士への手紙」(1944年9月15日付)
「サー・アイザック・ニュートンのりんごの写真」
サー・アイザック・ニュートンのりんごの写真を同封します。写真のりんごは、キュー植物園のオズボーンさんが当試験場に持参してくださったものです。彼はこれを直接、ウールスソープ・マナからいただいてきました。これはあらゆる点で私どものところのものと似ています。しかし、これが真の「ケントの花」といえるかどうかについてはまだ疑問を持っています。ホッグの記述と合わないからです〔「ホッグの記述」は省略〕。
※この手紙には写真が1枚添えられている。

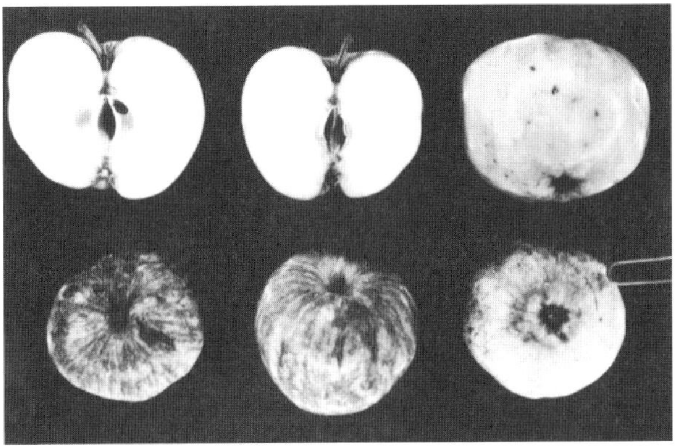

図11　ニュートンのりんごの身元調査

(E-3)「所長からサーンダスン（リーズ）への手紙」(1948年7月30日付)
「返信：アイザック・ニュートンのりんごと「ケントの花」」

27日付のお手紙、ありがとうございます。貴殿がお考えのように、私どもはニュートンのりんごの木の身元確認についてまだ決着をつけておりません。私ができる最良のことは、この件に関して私どもの栽培担当者の記録の写しを以下に、お示しすることです。

〔内容は（E-2）とほぼ同じなので、省略〕

標準化が進んでおりますので、かつてはどこにでもあった「ケントの花」を今見つけることは、おそらくたいへん困難でしょう。

〔以下、「ゴールデン・ピピーン」というりんごの品種についてなので省略〕

(E-4)「所長補佐からサー・スティーヴン・ターレンツへの手紙」(1955年3月7日付)

「アイザック・ニュートンのりんご」

2・3週間前に恩師の天文学者ストラトン教授と昼食をご一緒し、アイザック・ニュートンのことが話題になりました。私は先生に、私どもがウールスソープ・マナの有名な木に由来する木を広めていることを申し上げました。先生は、天文学会の雑誌にこれに関する記事を掲載することができるかもしれないと考えて、私どもがこの木について知っていることを書いた文書を貸してほしいとおっしゃいました。

当試験場の文書やこれにかかわった様々な方々から情報を集め始めて、貴殿が『園芸協会果樹年報』にこの有名な木に関する論文を寄稿されていることを知りました。ビークベインさんの考えですが、貴殿は、私が集めることのできた情報をお知りになりたいかもしれません。そうでしたらお知らせいただけませんか。貴殿は、私どもに欠けている知識を埋めてくださることができるでしょう。

1・2週間前の『サンデー・タイムズ』で貴殿が書かれたウールスソープ・マナについての記事を拝見しました。今も関心をお持ちのようですね。

(E-5)「ウィリアム・J. ロビンズ（ニューヨーク植物園園長）からウォーカーへの手紙」(1956年9月24日付)

1944年にペンシルヴェニアへ送られた4本の木について情報を得た

いのですが、本状では、2本の木を送っていただきたいという当園の希望を伝えます。

(E-6)「マコンバ（ボブソン研究所図書館）からホビンへの手紙」（1956年11月5日付）

10月30日付のお手紙、ありがとうございました。キュー植物園のサー・エドワード・ソールズベリとペンズベリ・マナのカドゾウさんから、私どものニュートンのりんごの木の接木は、キュー植物園とペンズベリ・マナの果樹園の接木からのものであることを証明したお手紙をいただいております。

ウールスソープの管理人から、元のりんごの木がケントの花であることを知らせてきた手紙もいただいております。〔ペンシルヴェニア歴史委員会の会長〕ローズ・P. ライトさんに手紙を書き、彼らがキュー系統と同様に、イースト・モーリング系統の接木ももっておられるかをお尋ねになってはいかがでしょう。

(E-7)「所長補佐からプラット（ペンシルヴェニア歴史委員会、ペンズベリ・マナ）への手紙」（1956年11月9日付）

「アイザック・ニュートンのりんごの木」

貴殿は最近、ペンズベリ・マナのニュートンのりんごの木に関してニューヨーク植物園のロビンズさんと連絡を取られました。彼はご親切にもそのときの手紙の写しを私どもへ送ってくださいました。貴殿が言及しておられるのは、私どもが1944年にローズ・P. ライトさんへ送り、ペンズベリで植えられた2本の木のことだと思います。

つい先ごろ、マサチューセッツのボブソン研究所図書館のH. P. マコンバさんから手紙をいただき、マサチューセッツのウェルズリにあるボブソン研究所のキャンパスで育てられているニュートンのりんごの木には、もう一つ別の系統の接木があることを知りました。「この木は、ペンシルヴェニアのモリスタウンにあるペンズベリ・マナの庭園のリチャード・シュヴェーベルさんからもらったものです。彼らはロンドンのキュー植物園から接木を受けとりました。

おそらくご存じでしょうが、(1814年に枯死したと考えられていますが)ウールスソープ・マナの元の木に由来すると考えられているものには2つの系統があります。証明されているわけではありませんが、様々な根拠からそれらは同じものだと信じられています。

マコンバは、彼のところの木がキュー植物園の系統に由来することは確かだとしておられますので、ペンズベリで貴殿は2系統の木を所有しておられる可能性があります。

もしそうなら、大変興味深いことです。つまり、もし2系統の木が同じ条件下で育っているなら、実や成長ぶりを次回に比較すれば、よい成果が得られます。もしこの比較から2系統が同一であることがわかれば、キュー植物園とイースト・モーリングの系統は同一であるという私どもがすでに得ている結果にさらに証拠を加えることになるでしょう。

(E-8)「ガーナからグラウアート博士（ケインブリッジ、トリニティ・カレッジ会計補佐）への手紙」(1970年10月5日)

そちらの木からの2個のりんごと、以前に受け取ったりんごが本カレッジのものでないという情報、ありがとうございました。

フェヴァーシャム近郊のブログデイルにある国立果樹試験場と当試験場で栽培されたりんごの実を比べてみました。どちらも同じ品種でした。われわれは現在この品種を「サー・アイザック・ニュートンのりんご」と呼んでいます。というのも、「ケントの花」の描写と一致しないからです。いつか古い名前の方を使うようになる時がきたら、この情報を広めるでしょう。

(イ)　接木苗の頒布

(E-9)「ロジャズ博士からハート（ケインブリッジ、クイーンズ・カレッジ）への手紙」(1954年3月8日付)

私が1・2年前に貴カレッジに寄贈したものの、われわれの育種場でのトラブルのために発送が遅れていたサー・アイザック・ニュートンのりんごの木を間もなく受け取られるでしょう。木が無事に届き、植えるための適当な場所が見つかるといいのですが。

この木は、ニュートンが落下するのを見たとされる、彼の生まれ故郷のウールスソープの庭に生えていた木から接木した子孫です〔以下、省略〕。

(E-10)「ニュージーランド科学研究所から所長のタブズ博士への手紙」(1954年6月15日付)

ニュートンのりんごの木が無事に到着しました。ニュージーランド自治領物理研究所に送る前に、検疫のためオークランドの果樹研究局に約12ヵ月留め置かれるでしょう。木をお送りくださり、ありがとうございました。

(E-11)「所長からキャンブル陸軍中佐への手紙」(1954年11月17日付)

レディ・ソールズベリがニュートンのりんごの木を所有されたいとのこと。……発送の準備をいたしました。

(E-12)「レディ・ソールズベリへの手紙」(1954年11月17日付)

木の送り状

(E-13) H. J. Hadow, 'The Newton's Apple Tree', *Admin Historical Note* (National Physical Laboratory), No. 6 (April 1970).

ニュートンのりんごの木に関する研究所内の文書（サー・エドワード・ブラードによる『国立物理学研究所ニュース』(June 1953)、サー・ゴードン・サザランドの文書とイースト・モーリング果樹試験場所長からサー・ゴードンへの手紙）をまとめたもの〔りんごの話の真偽、りんごの木の系統については省略〕。

国立物理学研究所でのりんごの木

国立物理学研究所の木は、キュー植物園からのもので、1953年春に植えました。1960年には実が2個できたので、1個は研究所の関係者でわけて食べ、もう1個はストックホルムへ持っていき、生物物理学の学会関係者と食べました。その種子は、アメリカ合衆国、西ドイツ、モスクワ、プラハ、ストックホルムに渡りました。

サザランドは日本に言及していませんが、種子のいくつかは日本へも送ったはずです（日本からの写真を見たことがありますので）。

(ウ) 記事の抜粋・写しなど

（E-14） W. W. Rouse Ball, *An Essay on Newton's "Principia"*, Macmillan, 1893 からの抜粋。

（E-15） 文献・30.

（E-16） ［Anon.］, 'The Isaac Newton Apple', *Observatory*, 75–886（1955）：134–135.

（E-17） 文献・31.

（E-18） *The Grower*, 60（24th August, 1963）, p. 60 の抜粋。

（E-19） C-13 の写し。

（E-20） 文献・28, rev. ed. 1992, pp. 9, 16.

（E-21） ［Anon.］, 'Alive —— Newton's famous apple tree', *Sunday Times*, 11 October, 1998.

3　調査結果

(1)（E-1）～（E-8）の史料は、1943 年秋、ペンシルヴェニア歴史委員会からの接木苗の分譲申し込みがあったことに端を発して（K-6 も参照）、分譲の実務を担当してきたイースト・モーリング果樹試験場において自分たちが育ててきたりんごの木の身元確認が必要になったことを示している。

(2)（E-13）によれば、サザランドがいた国立物理学研究所のりんごの木はキュー植物園からのもので、1953 年に植えられた。1960 年にはりんごを海外で開催される学会に持参し、その種子を普及する活動が開始された。種子が渡った国は、アメリカ合衆国、西ドイツ、ソ連などであった。日本への渡来もこの活動の一環であった。

第7章　キュー植物園

1　史料の概観

現地調査で訪れたときは、図書館の新築工事のため、閲覧できなかったので、帰国後に図書館と電子メールでやり取りし、史料の一部（約20点）をデジタル画像で入手した。ニュートンのりんごの木に関する史料は全部で100点ほどだが、大半は接木苗の申し込みや頒布の事務的な手紙とのことである。デジタル画像の様子から、史料は分類・整理して保管されておらず、文書の左上に穴を開け、紐で結んで綴じているだけであることがわかる。

2　史　料

㈠　ウールスソープの木から接木する

(K-1)「ナショナル・トラストのリーズ=ミルン（カントリー・ハウス事務長）からキュー植物園主事への手紙」（1943年8月20日付）

19日付のお手紙ありがとうございます。ニュートンのりんごの木として知られている唯一の木から接木をするために、ウールスソープを訪問しようというお申し出に感謝いたします。

(K-2)「キュー植物園主事からナショナル・トラストのリーズ=ミルンへの手紙」（1943年9月1日付）

私の代理としてオズボーンさんが行きます。彼はキングズ・クロス駅を午前9:15に出発し、グランサムに11:27に到着します。駅からウールスソープ・マナまでどのくらいの距離があるか、またそこへ行く一番よい方法をご教示いただけると助かります。

(K-3)「キュー植物園主事からナショナル・トラストのリーズ=ミルンへの手紙」（1943年9月8日付）ウールスソープ・マナの件。

昨日、オズボーンさんはグランサムを訪れ、「ケントの花」のりんごの木から一部をとって無事に帰ってきました。彼の報告によりますと、２本のうち１本はたいへん丈夫ですが、残念なことに数年間剪定がなされていません。注意深く枝を間引き、剪定すれば、もっと長生きできるとのことです。これらは、この地方の植木職人にやってもらうことにして、私たちは若い木をふやす作業を進め、1944年か45年の秋までにあなた方が木を１・２本植えられるように準備しましょう。

(K-4)「ナショナル・トラストのリーズ=ミルンからキュー植物園主事への手紙」(1943年９月10日付)(K-3) への礼状

(イ) りんごの木の身元証明・系譜をめぐって

(K-5)「キュー植物園主事代理からサウス・イースタン農業大学（ケントのワイ）学長への手紙」(1943年９月10日付)

所長のソールズベリ教授から、ニュートンのりんごの木「ケントの花」に関することで連絡するように頼まれました。私どもは、ナショナル・トラストの依頼により、この木を後世に伝えていくために、グランサムのウールスソープ・マナで育っている木から接木用の若い枝をとってきました。昨日所長が得た情報によりますと、貴大学は戦後にフィラデルフィアへ送るためにニュートンのりんごの木を育てておられるとのことです。この手紙の目的は、貴大学の木がわれわれと同じ木に起源するかを確かめることにあります。わが国の２機関が同じ名前の異なった木を広めるなどということがないようにするためです。

※この手紙は誤ってサウス・イースタン農業大学へ送られた。この点については以下の (K-6) を参照。

(K-6)「イースト・モーリング果樹試験場所長ロナルド・ハットンからキュー植物園のオズボーンへの手紙」(1943年９月14日付)

貴殿の手紙は、誤ってサウス・イースタン農業大学へ送られ、そこの学長から私の方へ転送されてきました。事実は次の通りです。1940年２月にストーク・ロチフォドのクリストファ・ターナーさんが当試験場にこう述べられました。「私はサー・スティーヴン・ターレンツに、ニュートンのりんごの木の子孫がベルトン・パークにあるサー・ブラウンローの果樹園にあると申し上げました」。ターナーさんは、サー・ブラウンローの果樹園で育てられている木の枝を私どもに送ってこられました。彼はこうも述べられました。「そのりんごを１・２度食べた。まあ、おいしかった。形は普通のとは違い、梨のようだった。」1940 年３月７日付の手紙でターナーさんはこう書いておられます。「私は、そのりんごの木が枯死した後に作った椅子を所有している。私の曾祖父は、木が枯死する前に注意深く枝を切り取ったが、ただ一本の子孫だけがベルトンで生きている。1800 年にはまだ育っていたが危険な状態にあった、ニュートンの家の前のりんごの木を描いた当時の図版を、私は確認しなければならない。曾祖父は、ロイヤル・ソサエティにもこのりんごの木の一部を寄贈した。」

私どものところでは、３年目の小さな木を多数育てていますし、ロイヤル・ソサエティからの依頼でこの秋にはペンシルヴェニア歴史委員会へ船便で送ることになっているというのも、確かにその通りです。私どもは自分たちで接木を調達したわけではありません。上述のように、接木は故ターナーさんが送ってこられたものです。

この木の品種名は「ケントの花」ですが、ホッグはその形について、全体としては丸いが、横方向に広がり、縦にずんぐりだと書いています。だとすれば、これは「梨型」とされるニュートンのりんごの木と、かなり違っています。私どもの小さな木は１・２個の実をつけましたが、もっと平らなコドリング〔料理用の先のとがったりんご〕型に近いものです。これについて１・２年の間に調査しようと思います。

（**K-7**）「キュー植物園主事代理からサー・ブラウンローへの手紙」（1943 年９月 20 日付）

所長からの依頼を受け、そちらの果樹園で栽培されているらしい、ニュートンのりんごの木の子孫の件で手紙を差し上げます。

私どもは将来のことを考えて、この木を増殖するように求められております。このため、私は最近ウールスソープ・マナを訪れ、接木用の枝と果実数個をいただきました。その後、私どもは、グランサムの故C.ターナーさんがそちらで育てておられる木からの接木を繁殖用にイースト・モーリング果樹試験場に送られたことを知りました。したがって、キューとイースト・モーリングの2ヵ所で同じりんごの木が繁殖されていることになります。私がウールスソープから持ち帰ったりんごと比べてみたいと思いますので、そちらのニュートンのりんごを1・2個送っていただけないでしょうか。

(K-8)「イースト・モーリング果樹試験場所長ロナルド・ハットンからキュー植物園のE. J. ソールズベリ教授への手紙」(1943年10月6日付)

ウールスソープとベルトンのニュートンのりんごが同種であることを、再確認してくださり、ありがとうございます。お陰さまで、ロイヤル・ソサエティがこの木をペンシルヴェニア歴史委員会へ送る件の作業を、躊躇せずに進めることができます。

(K-9)「ケインブリッジ・トリニティ・カレッジのブラッドフィールド博士からキュー植物園園長サー・エドワード・ソールズベリへの手紙」(1953年1月19日付)

私どものカレッジはニュートンのりんごの子孫と考えられている現在利用可能な2系統のうちの1つを、当カレッジの庭に植えたいと思っています。貴殿か助手のどなたかから木の調達方法についてご助言いただけませんか。

(K-10)」「キュー植物園園長サー・エドワード・ソールズベリからブラッドフィールド博士へ手紙」(1953年1月20日付)

ニュートンのりんごの木について調べてみました。当園の果樹園に1種類あります。この木からとったものが数本あると思っていましたが、残念なことにすでに国立物理学研究所へお渡しすることが決まっているものしかありませんでした。しかし、ご希望されるのであれば、近いうちに接木苗の準備をいたしましょう。それでもお渡しするのは、早くても来年の秋になります。私の知っている限り、当園以外で苗を持っている可能性があるのは、イースト・モーリング果樹試験場です。この試験場も当園と同じようにして、かつて数本のニュートンのりんごの木を手に入れました。

貴殿のお手紙には「現在利用可能な2系統」とありましたが、この意味がわかりません。といいますのも、ニュートンのりんごの接木はすべて、同じ木から採られたものだからです。これ以外に変種が何かあるとすれば、それはウールスソープにあるりんごの木の種子から育てられたものです。

(**K-11**)「ボブソン研究所図書館館長ヘンリ・P. マコンバからキュー植物園園長サー・エドワード・ソールズベリへの手紙」(1953年8月21日付)

私はロンドンのニュートン協会のフェローですが、この団体が刊行している『ニュートン主義者』1952年12月号で、パーシー・エジャトンがニュートンのりんごの木について興味深い記事を書いていました。それによれば、戦争の最中にロイヤル・ソサエティ・クラブの晩餐会後、あなたはニュートンの生地ウールスソープにある有名なりんごの木の接木から実った2個の見事なりんごを披露され、これらが17世紀に料理用のりんごとしてよく知られていた「ケントの誇り」であると述べられました。また、ペンシルヴェニア歴史委員会の求めとロイヤル・ソサエティの仲介の労により、ウィリアム・ペンを記念してボストンの庭園に植えるために、最近、接木苗を送ったとも述べておられました。この木を見たいと思いますので、その庭園とはどこのことなのかご教示ください。ハーヴァードのアーノルド植物園でしょうか。

1951年5月に、ウールスソープ・マナの管理人ベイリー夫人から手紙をいただきました。これによりますと、マナには元の木からとった子孫の木が2本あり、彼らはこのりんごを「ケントの花」と呼んでいるそうです。この木に実るりんごは赤いものですが、頂点部分の大半には黄色と緑の縞模様があるとのことです。形は梨に近く、味ははっきりとしておらず、無味に近いそうです。

私どものキャンパスにこの木の子孫を植えたいと思いますが、入手方法をご教示いただけませんか。実現すれば、私どものニュートン・コレクションにとって主要なものとなるでしょう。

㈦　りんごの木を日本へ送る

(K-12)「サザランドからキュー植物園園長サー・ジョージ・テイラへの手紙」(1962年10月30日付)

最近、日本と中国を訪問した際に、私どものニュートンのりんごの木から今年実ったりんごを2個持参し、日本学士院会長と中国アカデミー会長に1個ずつ差し上げました。十分に熟す前にとってしまったために、立派とはいえないものでしたが、たいへん喜んで受け取っていただきました。お2人には、元の木からとった接木を差し上げられるだろうと述べました。私どもではその準備をすることができないため、お手数をおかけし誠に恐縮ですが、よろしくご手配ください。私どもの木は今8フィートほどの高さで今年剪定しなくてはなりませんので、接木用の枝は私どもの木から取れるかもしれません。

この件を今後どうするかについてご相談したいので、電話をいただけませんか。

(K-13)「キュー植物園園長からサザランドへの手紙」(1963年5月4日付)

柴田博士との文通の写しを送ってくださりありがとうございます。ニュートンのりんごの木をたいへん気に入ってもらえていますね。

ご存じのように、あなたのために私どもは元の木からとった枝を接木した苗2本、つまり1本は中国向け、もう1本は日本向けを今年の秋には準備します。

(K-14)「サー・ジョージ・テイラからサザランドへの手紙」(1963年5月4日付)(C-3)の写し

(K-15)「柴田雄次からサザランドへの手紙」(1963年5月21日付)(C-4)の写し

(K-16)「サザランドから柴田への手紙」(1963 年 5 月 28 日付)(C-5)の写し

(K-17)「キュー植物園主事からイースト・モーリング果樹試験場の R. J. ガーナへの手紙」(1963 年 11 月 27 日付)

念のために、連絡いたします。国立物理学研究所の所長サー・ゴードン・サザランドのためにニュートンのりんごの木 2 本を準備していただけたら幸いです。

過日、この件でお電話いたしましたように、これらは日本と中国に送ります。

(K-18)「R. J. ガーナからキュー植物園主事ステニングへの手紙」(1963 年 12 月 4 日付)

(K-17)の手紙、ありがとうございます。タブズ博士が快く担当してくれるでしょう。彼はもちろん、その木がはるか遠方の地へ送られることを十分承知して荷造りを行っています。キューとしては、サー・ゴードン・サザランドに代わって送る木をご覧になりたいでしょうから、貴殿の方へ直接送りますが、それでよろしいですね。

(K-19)「イースト・モーリング果樹試験場からキュー植物園主事ステニングへ、 ニュートンのりんごの木 2 本の送り状」(1964 年 1 月 16 日付)

(K-20)「サザランドからキュー植物園園長への手紙」(1964 年 2 月 21 日付)

ニュートンのりんごの木の接木を準備してくださった貴殿とステニングさんには何とお礼を述べたらよいか、言葉もないほどです。接木苗は中国と日本の科学アカデミーに只今送られました。両国はこれにたいへん感謝されるでしょう。

追伸。この手紙を書いてしまった後で、苗木が実際にはイースト・モーリングで育てられたものであることを知りました。試験場長に私の謝意をお伝えくださるか、あるいは私から礼状を差し上げますので、その方のお名前をご教示いただけませんか。

(K-21)「キュー植物園園長からサザランドへの手紙」(1964年2月25日付)

(K-20) の手紙、ありがとうございます。イースト・モーリングの木はキューの木に起源します。私どもの木がなくなっても、イースト・モーリングの木を使えるように、仕事上の取決めをしています。ニュートンのりんごの木の場合、イースト・モーリングの方がキューよりも多くの苗を供給できたのです。ですから、イースト・モーリングの試験場長に手紙を書く必要はありません。

㈓　その他

(K-22)「サー・ジョージ・テイラから J. S. L. ギルモア（ケインブリッジ大学植物園園長）への手紙」(1966年1月19日付)

あなた宛のホワイトサイド博士の文書の写しとニーコライの詩の写しが同封されていた、昨日付のお手紙をいただき、たいへん喜んでおります。

忌憚なく申し上げますと、私は私どものニュートンのりんごの木の由来に疑問を抱いておりましたが、ご存じのように、主に「国立物理学研究所」の人たちが熱心に行ってきた、たいへん世間受けする活動のお陰で、この木の子孫は世界中に広まりました。もちろん、この普及に関しては私にも責任があります。最近も、2本をソ連に送りました。

ホワイトサイド博士の説は全く見事ですが、私どもはその真偽に疑問を持たず、この木の頒布という心地よい慣習を今後も続けていくべきだと思います。

(K-23)「サー・ジョージ・テイラからサー・エドワード・ブラード教授（ケインブリッジ大学、測地学・地球物理学科）への手紙」(1970年4月27日付)

ニュートンのりんごの木の頒布についてお問い合わせいただいた4月14日付のお手紙に返事を差し上げるのが遅れてしまい、申し訳ありませんでした。

そちらへお送りできるほど、まだ十分に成長していないので、秋までお待ちください。現在、高さが3フィートほどですが、均整のとれた枝ぶりの木に成長するでしょう。貴園用にとっておきます。

3　調査結果

⑴（K-1）～（K-4）からは、キュー植物園のりんごの木がウールスソープの木から接木されたものであったことがわかる。

⑵ りんごの木の身元確認（または系譜論）にとって、（K-6）の手紙は重要である。ニュートンの生家の所有者であるクリストファ・ターナーが彼の時代の状況について語っているからである。

⑶（K-9）と（K-10）は、ニュートンのりんごの木に2系統あるとする見解が1953年まで続いていたことを示している。

⑷（K-12）～（K-21）は、日本への接木苗の発送に関するもの。なかでも（K-20）が極めて重要。これがなければ、日本への接木苗の送り主をキュー植物園と誤解したであろう。

第8章　ロイヤル・ソサエティ

ここでは、「倒れたりんごの木」を描いた図版の実物を確認した。この図版が収められているチャールズ・ターナーの『ニュートン主義者』vol. 1（1837）について一言述べておかねばならない。管見の限りでいえば、ニュートンの研究書でこの著作が取り上げられることはない。むしろ、少なくとも日本において、この書について少しでも知識をもつ者はたいへん限られていると推定される。表題だけから想像すると、短命に終わった物理学関係の学術雑誌と受け取られるかもしれない。実物はというと、正確に測定したわけではないが、新聞紙大ほどもあるたいへん大きな本で、厚さは10cmくらい、表紙は革装であった。しかも、これは印刷したものでなく、文字や飾りの罫などは専門の職人の手によると思われる、全編手書きで全6巻であった。本の体裁をとっているとはいえ、印刷されたものではないので、世界に1セットしかない貴重書であり、当然のことながらここでしか閲覧できない。タイトルにふさわしく、第1巻はもっぱらニュートンだけを扱っている。しかし、第2巻以下は初期のロイヤル・ソサエティの主要会員を取り上げているようである。内容は、当時の著作、雑誌などからの図版、彫像の写し、手書きのスケッチなどであり、取り上げた人物について簡単な伝記が記されている場合もある。ターナーのこの本の正式な表題は、

Collectanea Newtoniana; being a selection of ... engraved portraits of Sir Isaac Newton and other ... distinguished men who were connected with, or whose portraits bore an affinity to those of, that illustrious person, from the time of Copernicus to the death of Newton, accompanied with a memoir of each/ collected, arranged and compiled by Charles Turnor, [Lincoln], 1837

であり、第1巻には、ニュートンの肖像、生家、大学、記念プレートの図案などが収められている。著者のニュートンへの傾倒が並々ならぬもので

あることが、図版の収集ぶりから伺われる。「倒れたりんごの木」（図7を参照）は、生家の19世紀初期の所有者であるターナーが、生家の内装をニュートンの時代に戻すように指示した際の図面（そのうちの一部は、ナショナル・トラストが刊行した生家のガイドブックである文献28に復刻されている）と同じ頁に掲載されていた。したがって、改装の際にりんごの木のことが十分意識されていた可能性か考えられる。

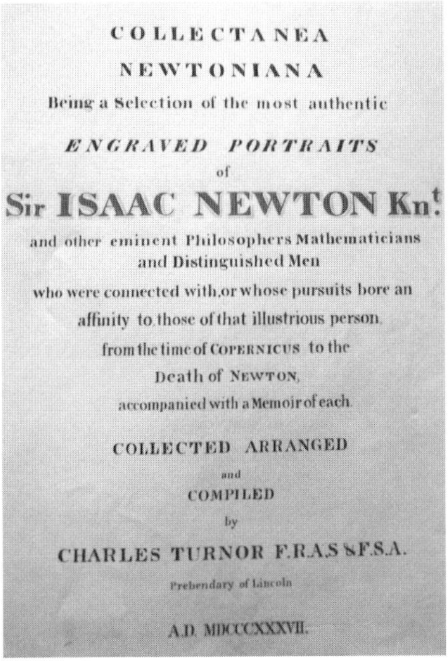

COLLECTANEA
NEWTONIANA
Being a Selection of the most authentic
ENGRAVED PORTRAITS
of
Sir ISAAC NEWTON Knt.
and other eminent Philosophers Mathematicians
and Distinguished Men
who were connected with, or whose pursuits bore an
affinity to those of that illustrious person
from the time of COPERNICUS to the
Death of NEWTON,
accompanied with a Memoir of each.

COLLECTED ARRANGED
and
COMPILED
by
CHARLES TURNOR F.R.A.S &F.S.A.
Prebendary of Lincoln

A.D. MDCCCXXXVII.

図12　*Newtoniana* の表紙
（ⓒThe Royal Society, London）

第9章　ニュートンの生家「ウールスソープ・マナ・ハウス」

10年以上前にもウールスソープ・マナ・ハウスを見学したことがあったが、特にニュートンのりんごの木については、この間に大きな変化があった。それは、この木が2002年6月に「イギリスの名木50」に選ばれていたことである。記念樹としてさらに箔がついたといえる。

図13　名木プレート

結　　論

1　調査事項に対して

調査事項(1)：日本に渡ってきたニュートンのりんごの木の起源は（K-17）、（K-20）から明らかなように、世界各地に送られたものと同様に、イースト・モーリング研究所で栽培された木から接木されたものであった。この木の「品質証明書」はキュー植物園が発行した。なお、サザランドがお土産として持ってきたりんごは国立物理学研究所で実ったものである。

調査事項(2)：第6章・第7章に記載した。

調査事項(3)：第9章に記載した。

調査事項(4)：第8章に記載した。

2　記念樹としての成立

キーシングの研究は、ニュートンのりんごの木の伝播についてその一端を初めて明らかにした点に功績がある。しかし、彼はウールスソープに現在植えられている木がニュートンの時代のものであるかどうかにこだわりすぎている。19世紀以降に接木という方法でニュートンのりんごの木が殖やされていったことは現存する史料から明らかであるが、この方法がニュートンの時代にりんごの木にも適用されていたなら（果樹の場合、その可能性は高い）、そもそも現在の木の樹齢を問題にすることに意味はない。台木は枯死して別のものにかわっても、実をつける木の部分はニュートンの時代からのものだからである。接木（graft）という方法は、ニュートンの晩年ごろに出版された農業関係の事典に記載されており、ニュートンの時代の果樹に採用されていたと考えられる[27)]。

ここで、ニュートンのりんごの木について史料から確認できることを古い順にまとめておこう。なお、以下の前提となることであるが、1940代以降、つまりキュー植物園やイースト・モーリング果樹試験場で栽培されるようになってからは別として、これ以前にこの木について栽培記録のようなものは存在していない。

(ア)　ニュートンがウールスソープに戻った1665年に、生家の庭にりんごの木があったことを示す証拠は、ニュートン自身の思い出話だけである。

(イ)　りんごの木を描いた図として最初のものは1810年代から20年代に突風で倒れた直後の様子を描写したものである。

(ウ)　19世紀には接木によって生家以外の場所でもりんごの木が植えられるようになった。

以上のうち(イ)については、さらに述べておかねばならないことがある。現在ナショナル・トラストが管理し、公開しているニュートンの生家は、ニュートンの時代のものではない。18世紀末にニュートンの熱烈な心酔者でもあった生家の所有者ターナーが、内装を大規模に変更していたからである。その改装は、古いものを新しくするのではなく、ニュートンが生きていた時代に戻すものであった。りんごの木に関して重要だと思われることは、ターナーが「りんごの話」に合わせてりんごの木を植えた可能性が考えられることである。彼は改装直後の1806年に刊行した郷土史の本の注で、ニュートンのりんごの木に言及し「その木は今もまだあり、よそ者が見に来る」と書いていた[28)]。このようにターナーは、外来者がりんごの木を見学に来ることを十分意識していたので、内装を変えた際にりんごの木を植えていた可能性がある。

もちろん、これはあくまで一つの可能性に留まる。いずれにせよ、現状ではりんごの木そのものについて19世紀以前の状況は不明と言わざるをえない。

イギリスに現在も残されている史料を活用すると、ニュートンのりんごの木に関して、キーシングとは別の視点で論じることができる。一言で言えば、それは「記念樹の成立」である。りんごの木に注目して20世紀の状況を述べておこう。まず、1937年にサー・スティーヴン・ターレンツが「歴史植物園」を構想していたことには触れておく必要があろう[29)]。発端は、彼に「ナポレオンの墓の近くある柳の木の子孫を差し上げましょう」という申し出にあるらしいが、これに当時ニュートンの生家の所有者であったクリストファ・ターナーからニュートンのりんごの木がベルトン・パークで育てられていると聞いたことが加わって、一気に構想が膨らんだようである。結局、構想自体は実現しなかったが、これがきっかけとなり、1940年にはベルトン・パークから賦与されたニュートンのりんごの木の接木がイースト・モーリング果樹試験場で育てられるようになった。

これ以上にもっと重要なのは、ニュートン生誕300周年記念の行事としてロイヤル・ソサイエティが1942年にピルグリム・トラストと協力し、一般からの寄付金も得て、ウールスソープのニュートンの生家と周囲の農地をターナーから買い取り、ナショナル・トラストへ寄贈したことである[30)]。この結果、りんごの木も私人の所有物から公共財となった。ニュートンのりんごの木が公的な記念樹として誕生したのはまさにこのときであった。これに伴って翌年にはロンドンのキュー植物園で栽培するために、ウールスソープのりんごの木から接木用の枝が直接採取された[31)]。キュー植物園が植物に関するイギリスの中心的な研究機関であることを考慮すれば、このことはニュートンのりんごの木自体が公式に認知されたことを意味し、いわば植物の戸籍に正式に登録されたのである。

これとほぼ同時期に、アメリカ合衆国のペンシルヴェニア歴史委員会から記念樹としての分譲申し込みがロイヤル・ソサエティを通じてイースト・モーリング果樹試験場に寄せられた[32)]。ペンシルヴェニア州の元になった植民地を創設したウィリアム・ペンの家の再建（おそらく、彼の生誕300周年記念行事の一つ）の際にニュートンのりんごの木を植樹したいとのことであった。接木苗の準備がなされたが、発送直前になって延期された[33)]。というのも、ニュートンのりんごの木には2系統あることがわかり、発送を準備したイースト・モーリング果樹試験場の苗と、もう一つの系統の木が同じであることを確認する必要があると考えられたからであった。この2系統とは、(a)ウールスソープにあり、キュー植物園でも栽培されている木、(b)イースト・モーリング果樹試験場で育てられている木、のことである。接木の時期は異なるにせよ、元は同じ木から枝が採取されているので、両者は同じものであるはずであった。ところが、ターレンツの歴史植物園構想の際に名前がでてきた、ウールスソープの前の所有者であるターナーがニュートンのりんごの木について、元の木は枯死したのでウールスソープにその子孫の木はないが、ベルトン・パークで子孫の木が育てられていると述べていたことが問題にされた。イースト・モーリング果樹試験場の関係者にしてみれば、自分たちが育てている木はベルトン・パークからのものであるため本物であるとしても、現在ウールスソープとキュー植物園にある木は一体どこからきたのか、またターナーがこのように主張できる証拠とは何かが問題であった。ターナーはすでに他界していたため、結局、2系統のりんごの木について同じものであるかどうかが様々な角度から検討されることになった。調査の結果、両者が同一であることが確認され[34)]、アメリカへ4本の接木苗が送られたようである。この事件は公的な記念樹になったがゆえに、その正統性が問われるという事態を物語っている。そして、馬や犬の血統に相当するものが、ニュートンのりんごの木ではウールスソープで植えられていた木との関係なのであった。

だが、正統性を問題視することは、ここで終わらなかった。記念樹の成立基盤である「りんごの話」の真偽が、1950年代から60年代にかけて議論されるようになったのである。最も厳しい批判を加えたのは、ニュートンの数学手稿全集を後に編集することになる若き数学史家ホワイトサイドであった。彼は「りんごの話」の初出例をいくつか検討した上で、最も信頼できるのは先に見たステュクリの記述だとする。しかし、時期や場所がはっきりしていないことを指摘し、ウールスソープの木と「りんごの話」を結びつけたのは、18世紀末にニュートンの生家を改築したターナーだと結論づけた[35)]。残念なことに、ホワイトサイドはこのときコンデューイットの文書を検討していなかったし、彼の批判文書はイースト・モーリング果樹試験場やケインブリジ大学といったニュートンのりんごの木の関係機関に送られただけであった。

公的な記念樹となったニュートンのりんごの木は、この後、世界各地に広められていくが、その際、普及に貢献したのは科学者の学会活動であった。わが国への導入に携わったサザランドの国立物理学研究所でニュートンのりんごの木が植えられたのは1953年春のことで、接木苗はキュー植物園から取り寄せたものであった。1960年には実が2個なり、1個は研究所の関係者で切り分けて食べられ、もう1個はストックホルムへ持っていかれ、生物物理学の国際会議の関係者によって賞味された。その種子はアメリカ合衆国、西ドイツ、モスクワ、プラハ、ストックホルムへ渡ることになった[36]。すでに述べたように、学会の種類こそ異なるが、同じ光景は2年後の日本でも見られることになる。そして、サザランドが手配をした接木苗は日本だけに送られたわけではなかった。同時に、中国向けのものも準備されていたのである[37]。サザランドを中心とする国立物理学研究所の関係者は、「たいへん世間受けする」ニュートンのりんごの木の普及活動を熱心に行っていた人たちであり、日本へのりんごの木の渡来も、この活動の一環であった[38]。

ニュートンのりんごの木は、科学者の学会活動の、いわば「余興」として登場したように、当初からある種の遊び心を伴っていた。真偽の疑わしい「りんごの話」を基盤としながらも世界にこれが伝播したのも、この遊び心があったからだと思われる。だが同時にこれが広く普及しえたのは、この木が公的な記念樹になっていたからであった。そして、この公的な木を送る側にとって品質証明や「血統書」の役割を果たすものが、ウールスソープのりんごの木とのつながりであった。こうして、科学の記念樹であるニュートンのりんごの木は、ニュートンの生家があるウールスソープ・マナという特定の場所と密接なつながりがあった。現在もここで育てられているりんごの木からとられた接木が、公的なニュートンのりんごの木として世界中に広がっているのである。

この「公的な」という点について最後に一言書き添えておこう。小石川植物園でもイースト・モーリング研究所でもニュートンのりんごの木は私的な利益を目的としない教育・研究用であれば、接木苗自体は無料で分譲してもらえる。しかし、同じ品種であるにもかかわらず、「血統書」を欠くと、つまり「ニュートンのりんごの木」であることが証明できないニュートンのりんご木はイギリスのある果樹園では有料で販売されているのである[39]。

あとがき

本書の成り立ちについて記しておきたい。

「ニュートンのりんごの木」について調査しようと考えるようになったのは、以下のような経緯による。名古屋大学文学研究科の和田光弘教授から、近く定年退官される若尾祐司教授への献呈論文集をめざして、科学研究費補助金による、記憶・記念碑に関する共同プロジェクト「ヨーロッパ「歴史の場」に関する研究」にお誘いいただいたことが発端であった。過去と現在を結ぶものとして、記憶や記念碑があり、これらについて調査・研究することは、過去の意味を問いつつ、再構成し、さらに現在の有り様について思慮する機会になると考え、プロジェクトに参加させていただくことにした。しかし、この時点では研究テーマについては全く白紙の状態であった。ただ一つ心に決めていたのは、このプロジェクトのメンバーのご専攻から考えると、主に西洋社会の人物や出来事に関わる記念碑が取り上げられるであろうから、それらとバッティングしないように、私は専門とする科学史の方面にテーマを絞るのがいいのではないかということであった。

ゼミ生の教育実習先の高校を訪問したとき、隣接する公園でニュートンのりんごの木が植えられていたのを見たことや、ほぼ同時期にエーザイの「内藤記念　くすり博物館」でも同様の経験をしたことが重なり、私の科学史の恩師である渡辺正雄先生が、国際基督教大学へ移られてから、「科学史基金講座」創立記念にニュートンのりんごの木を植樹されたことを思い出した。渡辺先生にとって「ニュートンのりんご」は近代西洋科学とキリスト教の密接な関係を述べられるときの「入口」のようなものであったが、私は別の観点からこの木を扱えるのではないかと考えた。すなわち、ニュートンのりんごの木は現状において「生きている科学の記念碑」として機能しているので、なぜそのようになったかを明らかにすることは記念碑研究にとって意義があると思ったのである。

このようにして研究対象は決まったが、どこへいってどのような史料を見ればよいのか。そもそも「ニュートンのりんごの木」について史料はあるのだろうか。当初はこのような疑問も頭をよぎったが、研究の常道に従い、先行研究について調査することにした。日本におけるニュートンのりんごの木の移植については、移植元であった小石川植物園の関係者による論稿があったし、イギリスでの状況については、本書の最初の方で概要を紹介したキーシングの論文がすぐに見つかった。しかし、前者については、日本に来る前の状況が全く不明であること、後者については著者の関心が「ニュートンのりんごの木」の継続性（現在の木はどこまで遡れるか）にこだわり過ぎているという問題点があった。とはいえ、キーシングの論文にはニュートンのりんごの木の育成・頒布に関わる研究機関が幾つも登場していたので、これらの機関にはニュートンのりんごの木に関わる史料が何かしら残されていると予想できた。一方、「ニュートンのりんごの木」が単なるりんごの一品種としてではなく、「科学の生きた記念碑」となっているのはそれだけの理由があるからである。その理由とは、ニュートンは「りんごの落下」を見て万有引力の法則の着想を得たとする、例の話である。記念碑の基盤であるので、この話の真偽についても検討しなくてはならない。

こうして、研究テーマの設定と共に、先行研究への批判的な検討から、調査項目も決まっていった。特に、このテーマに関する新しい史料を探索するために、イギリスで現地調査を行うことにした。この調査はわずか2週間ほどのものであったが、ケインブリッジ大学図書館手稿文書部、イースト・モーリング研究所、ウールスソープのニュートン邸、ロンドンではロイヤル・ソサエティとキュー植物園を訪れ、新しい史料を収集することができた。その成果については本書の後半で明らかにした通りである。なお、ウールスソープのニュートン邸については、私が代表をつとめた２つの科研費共同研究で分担研究者をつとめていただいた奥田伸子名古屋市立大学名誉教授と長尾伸一名古屋大学名誉教授、加えて熊本大学の中川順子教授もご一緒いただいた（この調査でアシスタントをつとめた長男の翔（現在、京都大学農学研究科助教）も同行）。私の目的は、本書に掲載したニュートンのりんごの木の写真を撮ることであったが、他の方々はそれぞれ、自分の研究のために渡英されており、訪問した日が休日で図書館などが閉まっているため、観光を兼ねて私の写真撮影に付き合ってくださった。

この小著の出版を決断したのは、本書の要約である拙稿「ニュートンのりんごの木 ── 記念樹の誕生 ── 」、若尾祐司・和田光弘編著『歴史の場 ── 史跡・記念碑・記憶 ── 』（ミネルヴァ書房、2010年）、85–99頁の中国語訳（中国海洋大学文学ジャーナリズム学部講師の王新艳氏による）が南方科技大学社会科学高等研究院編『遺産』第4号（2021年8月）、3–16頁に掲載され、翻訳という形で国際的な評価をいただいたことが大きい。加えて、『歴史の場』では紙幅の関係で取り上げることができなかった科研費報告書の部分（本書の後半部分で、以下の(2)の拙稿）も多くの方の目に留まるようにしたいと考えたからである。

謝　辞

本書の出版にあたってお世話になった以下の方々にお礼申し上げます。

以下の(1)の拙稿について若尾祐司名古屋大学名誉教授と和田光弘名古屋大学教授およびミネルヴァ書房から出版許可をいただいた。

(1)「ニュートンのりんごの木 ── 記念樹の誕生 ── 」、若尾祐司・和田光弘編著『歴史の場 ── 史跡・記念碑・記憶 ── 』（ミネルヴァ書房、2010年）、85–99頁。

また、若尾教授からは以下の(2)の拙稿についても出版許可をいただいた。

(2)「ニュートンのりんごの木 ── 記念樹になったとき」、研究代表者：若尾祐司『ヨーロッパ「歴史の場」に関する研究』（研究課題番号：19320117、平成19年度～平成20年度科学研究費補助金（基盤研究(B)）研究成果報告書、平成21年3月）、49–88頁。

イースト・モーリング研究所の渉外部長のUrsula Twomey博士とニュートンのりんごの木の栽培担当者のKen Tobuttさんには、研究所が所蔵する貴重な史料を閲覧・複写させていただいただけでなく、天候不順のなか研究所の建物からニュートンのりんごの木まで車でご案内いただき、インタヴューにも親切にお答えいただいた。

東京大学附属（小石川）植物園の平井一則育成部主任には、ニュートンのりんごの木の分譲数をお知らせいただいたほか、私家版小冊子の鈴木洋二編『日本に渡ってきたニュートンのリンゴの木』についてご高配を賜った。

ケインブリッジ大学図書館でサザランド文書からテレビ番組「私の秘密」の写真を見つけた時、ダーウィンの史料を閲覧するために来館されていた小川眞里子三重大学名誉教授に偶然お会いし、この写真を見ていただいた。その時の会話がこの写真の「里帰り」の機縁になった。

本書掲載の図版については、ケインブリッジ大学、ロンドンのロイヤル・ソサエティ、イースト・モーリング研究所（現在 NIAB East Malling）から許可をいただいた。

最後になったが、『科学史のいざない』と訳書『イギリス科学革命』でお世話になった南窓社の松本訓子さんには本書の出版を快くお引き受けいただき、心よりお礼申し上げます。

2022 年秋　　　　　　　　　　　　　　　　　　　　　著　者

注

はじめに

1) 『朝日新聞』(朝刊、名古屋版、2011年2月25日)「育ててニュートンのリンゴ」。

2) 子ども向けの本である文献・16おいてさえ、「落ちるリンゴ」の欄の最後には、「この話が本当かどうかはわかりません」(p. 18) と記されている。

第1章

3) この記述は次の文献の内容をまとめたものである。文献・17, p. 46.

4) 史料・10 , pp. 83, 93-94など。

5) 文献・24. この本には索引がないが、各文書の概要を見る限り、appleは記載されていない。

6) 史料・4, vol. 1, p. 27.

7) 史料・12, p. 108.

8) 史料・13, p. 127. なお、邦訳書ではp. 148.

9) 史料・5, p. 972.

10) John Conduitt,' Material I', in 史料・8, p. 90. 他にp. 99, p. 174も参照。

11) William Stukeley, 'Memories of Sir Isaac Newton's Life', in 史料・8, p. 258, p. 306. なお、ステュクリのこの記述は次でも紹介されている。文献・17, p. 47.

12) Henry Pemberton, 'A View of Sir Isaac Newton's Philosophy (1728)', in 史料・8, p. 144.

13) ニュートンへの歴史的な顕彰活動を分析しているファラも同じ見解を示している。文献・22, p. 194. 他に、文献・21, 23も参照。

14) 文献・17,18を参照。

15) 文献・32, p. 215の図1の説明文。

第2章

16) 1997年までの本数については、文献・9, p. 17によると、小石川植物園から直接分譲された施設が66ヵ所、再分譲が68ヵ所であった。2008年2月に小石川植物園へ問い合わせたところ、分譲はさらに64本増えていた。これに加えて、長野県では農業経営者協会が創立20周年記念事業として県内の小・中学校などへ288本を配布した(『市民タイムズ』1999年9月2日)。

17） http://www2u. biglobe. ne. jp/~oue/story/_newton. htm（2007. 11. 9）による。

18） 文献・1. この論文は、ニュートンのりんごの木がどのような経緯でわが国に導入されたについて基礎的事実を示しているので重要である。しかし、歴史研究者ではないためか、史料について全く記載されていない。小石川植物園に問い合わせたところ、ファイルに残されているのは、接木苗の送り状だけのようである。経緯については、文献・10 も参照のこと。

19） C-1, C-5 を参照。文献・10, p. 5 にも述べられている。

第３章

20） ニュートン研究の最前線については、文献・3, 文献・7 を参照。ニュートンの錬金術については取り敢えず、文献・4 〜 6 を参考に。

21） 手に取りやすい文献を一つだけ挙げておくと、文献・14.

22） 史料・2, p. 415.

23） 史料・2, p. 417.

24） 史料・1, pp. 349–354.

25） 史料・1, pp. 355–357.

第４章

26） 文献・25.

結論

27） 1717 年に刊行された史料・3 の「graft」の項目を参照（この事典に頁数は表記されていない）。1760 年代の科学･技術事典でもこの項目はある。たとえば、史料･9, vol. 2, pp. 1490–1491.

28） 史料・11, p. 160 の注。

29） 文献・31.

30） 文献・31, p. 37；文献・29, p. 12.

31） （K-1）〜（K-4）。

32） 文献・19.

33） （E-1）。

34） （E-2）。

35） ホワイトサイドの文書は（C-13）（同じものだが、（E-19））。系統に関する懐疑については、（E-6）、（K-10）など。

36) (E-13)。

37) (C-3)、(K-13)。

38) (K-22)。

39) ある果樹園とは、E-13に記されているケント州フェヴァーシャムにあるブログデイル果樹農園のことである。ここで栽培されているニュートンのりんごの木はイースト・モーリング研究所のものと同じ種類であることが確認されたが、どのような経緯によってここで育てられるようになったかは不明で、いわば「血統書」がない。イギリスでの調査の際に、ここにも足を運び、そこの係りの人に尋ねたところ、接木で殖やしたものをわたすため、注文から1年後になるが、代金は50ポンドくらいとのことであった。

文　献　表

史　料

手　稿

第5章～第8章（特に史料）を参照されたい。

刊行物

1　ニュートン（島尾永康訳）『光学』，岩波書店，1983年

2　同（河辺六男訳）『世界の名著26　自然哲学の数学的諸原理』，中央公論社，1971年

3　［Anon.］, *Dictionarium rusticum, urbanicum & botanicum: or a Dictionary of Husbandry, Gardening, Trade, Commerce, and all Sorts of Country-Affairs,...*（London, 1717）

4　Sir David Brewster, *Memoirs of the Life,Writings, and Discoveries of Sir Isaac Newton*, 2vols., Edinburgh, 1855: rep. New York: Johnson Reprint Co.,1965

5　Robert Greene, *The Principles of the Philosophy of the Expansive and Contractive Forces*（Cambridge, 1727）

6　Rebekah Higgitt（ed.）, *Early Biographies of Isaac Newton, 1600–1885*, vol. 2（Nineteenth-Century Biography of Isaac Newton: Public Debate and Private Controversy）, Pickering & Chatto, 2006

7　Do., *Recreating Newton: Newtonian Biography and the Making of Nineteenth-century History of Science*, Pickering & Chatto, 2007

8　Rob Iliffe（ed.）, Milo Keynes（Preface）, *Early Biographies of Isaac Newton, 1600–1885*,　vol.1（Eighteenth-Century Biography of Isaac Newton: the Unpublished Manuscripts and Early Texts）, Pickering & Chatto, 2006

9　Society of Gentlemen, *A New and Complete Dictionary of Arts and Sciences*, 4vols.,（London, 1763）

10　H. W. Turnbull（ed.）, *The Correspondence of Isaac Newton*, vol. 2（1676–1687）, Cambridge U. P., 1960

11　Edmund Turnor, *Collections for the History of the Town and Soak of Grantham*, 1806

12　Voltaire, *An Essay upon the Civil Wars of France*（London, 1727）

13　Do, *Letters concerning the English Nation*（London, 1733）
※邦訳：ヴォルテール（中川信訳）『哲学書簡』（『世界の名著 29　ヴォルテール・ディドロ・ダランベール』）（中央公論社、昭和 45 年）

参照文献

1　伊藤義治「ニュートンのリンゴの木」，『プランタ』，no.1（1989）：61–68

2　リチャード・ウェストフォール（田中一郎・大谷隆昶訳）『アイザック・ニュートン』I・II，平凡社，1993

3　大野誠「エッセイレビュー：ニュートン研究の現状」，『化学史研究』，125 号（2008）：230–234

4　同「ニュートン錬金術手稿の研究現状」，『化学史研究』，136 号（2011）：143–153

5　同「ニュートンの『光学』と錬金術 ── 覚書 ── 」，『愛知県立大学外国語学部紀要（地域研究・国際学編）』，46 号（2014）：25–46

6　同「ニュートン錬金術研究の現状」，『化学と教育』，63（2）（2015）：56–59

7　同「エッセイレビュー：ニュートン研究の現状 2008–2017」，『化学史研究』，166 号（2019）：36–40

8　ジェイムズ・グリック（大貫昌子訳）『ニュートンの海：万物の真理を求めて』，ＮＨＫ出版，2005

9　下園文雄，高橋兵部「ニュートンのリンゴの木その後」，『プランタ』no. 54（1997）：16–20

10　鈴木洋二編『日本に渡ってきたニュートンのリンゴの木』，私家版小冊子（12 頁），1973 年

11　田中実『日本の化学と柴田雄次』，大日本図書，1975 年

12　B. J. T. ドブズ（寺島悦恩訳）『ニュートンの錬金術』，平凡社，1995 年

13　B. J. T. ドッブズ（大谷隆昶訳）『ニュートンの錬金術』，みすず書房，2000 年

14　中島秀人『ニュートンに消された男ロバート・フック』，KADOKAWA，2018 年

15　永宮健夫「ニュートンのリンゴの木」，『日本物理学会誌』，45-2（1990）：116–117

16　スティーヴ・パーカー（小出昭一郎訳）『世界を変えた科学者ニュートン』，岩波書店，1995 年

17　渡辺正雄「ニュートンのりんご」，渡辺正雄編著『ニュートンの光と影』，共立出版，1982 年，pp. 46–60

18　同「ニュートンのりんご」，『国際基督教大学寄付プログラム「科学史」開設記念講演』（国際基督教大学寄付プログラム「科学史」，1988 年），pp. 15–30

19　［Anon.］, 'The Isaac Newton Apple', *Observatory*, 75-886（1955）：134–135.

20　［Anon.］, 'Alive——Newton's famous Apple Tree', *Sunday Times*, 11 October, 1998.

21　Patricia Fara, 'Isaac Newton lived here: Sites of Memory and Scientific Heritage', *British Journal for the History of Science*, 33（2000）：407–426

22　Do., *Newton: The Making of Genius*. Macmillan, 2002

23　Do., 'That the Apple fell and Newton invented the Law of Gravity, thus removing God from the Cosmos', in Ronald L. Numbers and Kostas Kampourakis（eds.）, *Newton's Apple and Other Myths about Science*, Harvard U. P., 2015, pp. 48–56

24　Peter Jones（ed.）, *Sir Isaac Newton: A Catalogue of Manuscripts and Papers collected and published on Microfilm by Chadwyck-Healey*（Chadwyck-Healey, 1991）

25　R. G. Keesing, 'The History of Newton's Apple Tree', *Contemporary Physick*, 39–5（1998）：377–391.

26　Milo Keynes, *The Iconography of Sir Isaac Newton to 1800*, Boydell Press, 2005

27　D. McKie and Sir Gavin de Beer, 'Newton's Apple', *Notes and Records of the Royal Society of London*, 9（1951）：46–54, 333–335

28　National Trust（ed.）, *Isaac Newton and Woolsthorpe Manor*, the National Trust, 1987

29　National Trust（ed.）, *Woolsthorpe Manor: Birthplace of Isaac Newton*, the National Trust, 2006

30　Sir Stephen Tallents, 'Newton's Apple Tree', *Sunday Times*, 22 October, 1950

31　Sir Stephen Tallents, 'The Sir Isaac Newton Apple', *Royal Horticultural Society Fruit Yearbook* 1956, pp.35–37

32　Michael White, *Isaac Newton: The Last Sorcerer*, Helix Books, 1997

図版の出典一覧

図 1　ウールスソープのりんごの木（著者撮影）

図 2　ニュートンの家系図（著者作成）

図 3　小石川植物園のりんごの木（著者撮影）

図 4　アリストテレス的宇宙観（I. Bernard Cohen（ed.）, *Album of Science: From Leonardo to Lavoisier, 1450–1800*, Charles Scribner's Sons, 1980, p. 40）

図 5　ニュートンの重力概念（著者作成）

図 6　調査地点のイギリス地図（著者作成）

図 7　突風で倒れたりんごの木（ロイヤル・ソサエティ所蔵）

図 8　写真 A：種子からの発芽（ケインブリッジ大学図書館所蔵）

図 9　写真 B：「私の秘密」（ケインブリッジ大学図書館所蔵）

図 10　トリニティ・カレッジの紛らわしいニュートンのりんごの木（著者撮影）

図 11　ニュートンのりんごの身元調査（イースト・モーリング研究所所蔵）

図 12　*Newtoniana* の表紙（ロイヤル・ソサエティ所蔵、著者撮影）

図 13　名木プレート（著者撮影）

索　引

あ　行

か　行

さ　行

た　行

な　行

は　行

索　引

ま 行

や 行

ら 行

大野　誠（おおの まこと）

1952 年　愛知県名古屋市に生まれる
1975 年　名古屋大学工学部化学工学科卒業
1978 年　名古屋大学大学院工学研究科修士課程化学工学専攻修了
1982 年　東京大学大学院理学系研究科修士課程科学史科学基礎論専攻修了
1990 年　名古屋大学大学院文学研究科博士課程西洋史専攻単位取得満期退学
1991 年　長崎大学教養部科学技術史担当助教授
1994 年　ロンドン大学バークベックカレッジ歴史学科客員研究員
1996 年　愛知県立大学外国語学部助教授
1998 年　同　教授
2018 年　立正大学文学部史学科教授、愛知県立大学名誉教授、化学史学会会長
現在にいたる

主要著作
小川眞里子との共編著『科学史の世界』（丸善出版社、1991 年）
編著『科学史へのいざない —— 科学革命期の原典を読む』（南窓社、1992 年）
『ジェントルマンと科学』（山川出版社、1998 年）
編著『近代イギリスと公共圏』（昭和堂、2009 年）
化学史学会編『化学史事典』（化学同人、2017 年　＊編集委員長）
『ワットとスティーヴンソン』（山川出版社、2017 年）
編著『近代イギリス科学の社会史』（昭和堂、2021 年）

ニュートンのりんごの木 —— 科学の記念樹

2023 年 1 月 15 日　発行

著　者　大　野　　誠

発行者　松　本　訓　子

発行所　南　窓　社

〒101-0065　東京都千代田区西神田 2-4-6
電話 03(3261)7617　Fax 03(3261)7623
E-mail nanso@nn.iij4u.or.jp

ISBN978-4-8165-0480-8